歌德思想小品

[德] 约翰·沃尔夫冈·封·歌德 /著

杨武能 /翻译 选编 解说

上海社会科学院出版社
SHANGHAI ACADEMY OF SOCIAL SCIENCES PRESS

代序　思想家歌德

歌德时代魏玛群英荟萃，大文豪大思想家歌德则领袖群伦，居于油画中间最显赫的位置。其余为哲学家黑格尔、文学家席勒和数学家高斯以及教育学家威廉·洪堡等杰出的部门思想家。

导　言

思想与思想家

人何以能成为万物之灵长？人靠什么区别于其他生物？

有回答曰：人有语言。其实，照我看，语言只是思想的载体；因此，归根结底，人区别和优越于其他生物靠的是思想。

还有一个回答是：人会制造工具。其实，要制造工具，首先得需要使用工具以及有如何制造工具的想法，俗话说，"不怕做不到，只怕想不到"。因此，归根结底，能制造工具的人之优越于其他生物靠的仍然是思想。

从古至今，是思想的萌生、演变、深化、提高，促进了人类本身从原始到现代的不断进化，推动了人类社会从低级到高级的不断发展。正如人区别和优越于其他生物靠的是思想，人本身也以思想而有高低、善恶和贵贱之分：思想高尚、博大、深刻者多为人类的精英和社会的栋梁；思想平庸、低下、浅薄者则组成碌碌终日的芸芸众生。前者即人类精英和社会栋梁,他们往往都是以自己卓越、超前的思想推动历史发展的思想者乃至思想家。

世间表现人本身形象的雕塑作品不计其数,但最感动我们、获得全世界最广泛认同的只有一件,那就是罗丹的"思想者",因为它表现了人的本质,表现了人的伟大和人的痛苦,一句话,表现了我们人类自己。歌德伟大诗剧《浮士德》的主人公老博士浮士德也自始至终是一位思想者,也始终在痛苦地思索着带有普遍意义的宇宙和人生的大问题,可以视为人类的一位杰出代表,因此他的痛苦、他的思索、他的追求获得了超越时空的普遍意义,因此诗剧本身便成为世界文学旷世不朽的经典杰作。还有贝多芬的第九交响曲,也一样因为其高贵、博大、深邃的思想而响彻寰宇,万代流传……

不同领域出类拔萃、领袖群伦的人物,都以杰出的成就对人类的发展做出了贡献,都可能是自己领域的思想家,即部门思想家,如政治领域的政治思想家,文艺领域的文艺思想家,军事领域的军事思想家,科学领域的科学思想家,等等。相对而言,还有一些专门以思考宇宙、人生带有普遍和本原意义的问题即宇宙观和世界观问题为职志的思想家,他们便是职业的哲学家。为便于区分,后者即职业思想家或哲学家,又叫元哲学家,前者即部门思想家又叫部门哲学家。

"最伟大的德国人"与"歌德时代"

古往今来,德意志民族产生了许许多多的大哲人和大思想家,因此是举世公认的最善于思索的民族。恩格斯称歌德为"最伟大的德国人",原因当不只在歌德写过《浮士德》和《少年维特的烦恼》等不朽杰作,开创了德语文学的新纪元,更多地还应该在于这位文学家有着杰出、非凡、博大而超前的思想,在于他的思想体现了德意志民族的民族特性和民族精神。"最伟大的德国人"这个称号,非伟大的思想家莫属!

恩格斯在《英国状况》一文中指出,只有熟悉德国民族发展的另一个方面即哲学方面的人,才能真正理解诗人歌德的伟大,并且讲:"歌德只是直接地——在那种意义上当然是'预言式地'——陈述的事物,在德国现代哲学中都得了发展和论证"。①这就是说,歌德不只是伟大的诗人和作家,也是伟大的思想家和哲人,只不过他陈述事物的方式并非一般哲学家通常使用的逻辑推理和思辨,而用了文学家的形象思维,仰仗的是作品中的艺术形象和情节,也即恩格斯所谓"直接地"、"预言式地"罢了。

反过来,我们当然也不妨讲,歌德正因为是伟大的哲人和思想家,才成了真正伟大的诗人和作家,才成了世界文学史上光照古今的巨星。纵观德国文学乃至世界文学的全部历史,能像歌德似的同时称得上伟大思想家者确乎没有几人。须知文学家歌德不仅仅是一位部门哲学家,还是一位元哲学家。尽管歌德没有像康德、黑格尔们似的构建自己的哲学体系,写出一部完整的哲学论著,他却以自己富含哲理的作品乃至言行影响了不只一个时代。特别是由他的一系列作品表现的浮士德精神,更集中体现了整个西方的精神亦即近代资本主义的精神。

就因为有歌德——当然也包括席勒、贝多芬、康德、黑格尔——等一批德意志民族的大思想家和民族精神的代表人物维系着,一次次遭受分裂、身处逆境甚至绝境的德国才得以重新统一,重新奋起,重新跻身世界先进国家的行列。即使在第二次世界大战以后两个德国水火不容、你死我活的年代,所有德国人的心目中仍只有一个歌德;歌德曾长期生活、创作和思考的魏玛,仍被视为整个民族的文化圣地;在德国什么都一分为二的情况下,唯歌德协会仍然只有魏玛的一个,仍然保持着统一。也就难怪,当代德国权威的歌德研究家K.R.曼德尔科夫要说,歌德"已成为德意志民族同一性的隐蔽中心"②。这一显示了思想和精神强大威力的事实,我

---

① 《马克思恩格斯全集》第一卷,第652页。
② K.R.曼德尔科夫编《批评家看歌德》,第1卷"导言",慕尼黑贝克出版社1975年版。

们也不妨看作恩格斯称歌德为"最伟大的德国人"的重要注脚。

至于"歌德时代"(Goethezeit)这个流行于二十世纪的术语和提法①,系另一位德国权威歌德研究家 H.A.可尔夫所创造。它大致包括 1770 年至 1830 年这半个多世纪,几乎涵盖了德国文学史和思想文化史上影响深远的狂飙突进运动、古典时期和浪漫主义运动,也就是歌德创作与思维能力最活跃、最旺盛的二十一岁至八十一岁这个时期。可尔夫用近三十年的时间完成了一部多达五卷的巨著《歌德时代的精神》②,为"歌德时代"一说提供了有力的历史依据,构建了坚实的理论基础,阐明了它的丰富内涵和深刻意义。

不过,可尔夫这个"歌德时代"的提法并非完全无所承袭的首创:早在一百年前,同为大诗人和大思想家的海涅就说过,歌德的逝世标志着"一个艺术时代的终结";从一定意义上讲,可尔夫是发挥了海涅的思想,并进行了系统的提高和总结。

还有,恩格斯在《德国状况》一文中,对歌德生活和创作的那个时代所做的精彩、准确的描绘和论述,可以讲也为其定了性,"歌德时代"这个名称已经呼之欲出。我国杰出的美学家朱光潜先生在《歌德谈话录》的译后记里引述恩格斯的有关论述,就频频地、醒目地使用了"歌德时代"这个提法和术语。③

如此用一个人的名字称呼整整一个时代,在世界各国的历史上恐怕都不多见;要有,也多半限于极少数曾经影响时代历史进程的叱咤风云的人物,如像君王或领袖之类。歌德身为文化人却享此殊荣——完全与他曾经担任魏玛大公国的首相一职无关——,这本身便证明了他超凡出众、非同一般的杰出和伟大;而歌德作为进行精神创造的诗人和作家,当然主要是思想的杰出和伟大。

对于这个时代,恩格斯著名的定性是:它"在政治和社会方面

---

① Goethezeit 一词已收入 Gero von Wilpert 编著的《文学术语词典》(*Sachwörterbuch der Literatur*),见 Kröner 出版社 1979 年版,第 315 页。

② H.A.Korff: *Geist der Goethezeit*,4 卷,1925—1952。

③ 朱光潜译:《歌德谈话录》,人民文学出版社 1978 年版,第 269—270 页。

是可耻的,但是在德国文学方面却是伟大的"①;德国"这个最屈辱的对外依赖时期,正是文学和哲学领域最辉煌的时期,是以贝多芬为代表的音乐最兴盛的时期"②。此时在德意志思想文化的天幕上,真可谓华光万道,星汉灿烂:哲学家康德、费希特、谢林、黑格尔,文学家莱辛、赫尔德、席勒、荷尔德林、E. T. A. 霍夫曼、海涅,音乐家莫扎特、海顿、贝多芬、舒伯特,自然科学家亚历山大·洪堡以及语言学家兼教育家威廉·洪堡等,都已在原本幽暗的德意志苍穹冉冉升起,都是围绕在俨如北斗的歌德前后左右的巨星。

类似歌德时代这样思想文化昌明、鼎盛的时代,即使在整个人类历史上也不多见。③能成为这样一个时代的中心、全面体现其精神者,显然不会仅是一位作家或诗人,虽然仅仅作为诗人和作家的歌德也已十分伟大,而必须有更宽广的精神活动领域和更巨大深远的社会影响,必须是一位视野开阔、头脑敏锐的思想家和文化巨擘。歌德正是这样一位思想家和文化巨擘。

综上所述,歌德之所以被称为"最伟大的德国人",之所以被视为德意志精神的化身,成为维系民族团结、国家统一的无形纽带,他的名字之所以被用来称呼德国思想文化史上最光辉、灿烂的时代,笔者以为主要因为他是德意志民族一位空前博大、深刻而且超前的思想家。

歌德思想概说

歌德思想的构成、核心和载体

考察歌德思想的内涵,审视它的特质,我们首先感到惊讶的是它的无比渊博和丰富。

---

① 恩格斯:《德国状况》,《马克思恩格斯全集》第2卷,第634页。
② 《马克思恩格斯论文艺》德文版第2卷,第219页。转引自朱光潜译:《歌德谈话录》,人民文学出版社1978年版,第270页。
③ 意大利的文艺复兴时代,我国的百家争鸣时代和汉、唐的鼎盛时期,也许可以算作这样的时代。

为了全面、系统地研究和解说歌德的思想,有学者写了一部径直题名为《歌德思想》的专著。①朱光潜先生《西方美学史》的德国古典美学部分,依次介绍了康德、歌德、席勒和黑格尔的美学思想;在论述歌德的一章,便称歌德那多达143卷的全集乃是"美学思想的一个极丰富和极珍贵的宝库","还有待于进一步的发掘"②。其实,歌德待发掘的何只是美学思想,还有涉及面更加广泛和更加丰富多彩的自然哲学、宗教哲学、人生哲学以及社会伦理学,还有其他许许多多方面的精辟思想。也就难怪,年轻的郭沫若要对歌德的"博学而无以成名"发出感慨,说"他有他的哲学,有他的伦理,有他的教育学,他是德国文化上的大支柱,他是近代文艺的先河……"③

前面说过,思想家歌德不只是某一两个领域的部门哲学家,也是一位元哲学家。经过分析,我们发现歌德丰富、博大、深刻的思想有两个核心:一为属于自然哲学范畴的进化论思想,它的形成是歌德长期观察自然和从事多项自然科学研究的结果;一为属于社会哲学范畴的人道主义思想,它的形成不但有赖歌德对社会现实的关注和思考,更源于他对欧洲自文艺复兴以来的人文传统的继承。

进化论和人道主义,不但决定了歌德元哲学思想即宇宙观和世界观的性质,也支配着他所有的部门哲学思想:进化论思想,明显支配着他的政治哲学和宗教哲学;人道主义思想,强烈影响着他的社会政治哲学乃至伦理学和美学思想。

歌德的思想确实异乎寻常地渊博、丰富,为方便计,笔者以为可将他卷帙浩繁、内容驳杂、多达143卷的作品④视为其主要载体,并做以下的大致分类:

---

① 请参阅高中甫:《歌德接受史(1773—1945)》,社会科学文献出版社1993年版,第204页。
② 朱光潜:《西方美学史》,人民文学出版社1983年版,下卷,第410页。
③ 田汉、宗白华、郭沫若:《三叶集》,上海书店1982年版,第14页。
④ 歌德作品的版本很多,搜集最全的为1887年至1920年间出齐的所谓魏玛版(Weimarer Ausgabe),多达143卷。

第一类,文学创作。

歌德以作家和诗人名世,表达思想并受到重视的首先自然是文学创作。歌德一生辛勤写作六十余载,诗歌、小说、戏剧、散文、游记、自传等体裁样式全都采用过,作品数量极其惊人。这些作品,特别是他的代表作诗剧《浮士德》,小说《少年维特的烦恼》和《威廉·迈斯特》,以及《普罗米修斯》、《神性》、《幸福的渴望》等抒情诗,都富含深邃的哲理。单单一部《浮士德》,两个多世纪来便让一代代学者潜心研究、发掘,出版了无数的专著和文章。① 还有《少年维特的烦恼》这部脍炙人口的小说,我们过去只强调了它的社会批判意义和反封建精神,忽略了另一个重要内容即它丰富的人生哲学和自然哲学。又如《威廉·迈斯特的学习时代》和《威廉·迈斯特的漫游时代》这两部长篇小说,和《浮士德》一样也表现了积极有为的人生观;第二部中那个奇特的"教育省",更形象地展示了歌德崇尚实践的教育主张和人生理想。在歌德晚年完成的《西东合集》里,像著名的《幸福的渴望》似的哲理诗比比皆是;甚至连一些爱情诗例如那首尚未引起足够注意的《重逢》,其哲理蕴涵同样异常地深刻,异常地丰富。②

第二类,自然科学著作。

歌德全集中这类著作与文学作品一样数量可观,也包含着丰富、深刻乃至超前的哲学思想,迄今却几乎完全为我们的研究和译介所忽视了。为说明歌德这类著作的重要,只须看一个事实:是歌德在研究动物植物生成演进的过程中,率先提出了形变(Metemorphose)和类型(Typus)这两个重要思想,创造了这两个术语,并将形态学或形变论(Morphologie)这个学科名称引进了科学史中。歌德的植物形态学和动物形态学著作里提出和阐发的思想,不仅使他成了19世纪达尔文之前的进化论先驱,还为斯本格勒的《西方

---

① 请参阅拙作《走近歌德》,河北教育出版社1999年版,第306—330页。
② 请参阅拙作《走近歌德》,河北教育出版社1999年版,第195—197页。

的没落》这部 20 世纪初的文化哲学巨著提供了方法论基础①。

除了在植物学和动物学(包括骨骼学和解剖学)建树卓著,歌德还研究过数学、地质学、矿物学、光学、化学、颜色学,在相关著作中都不乏独到、深刻的思想。即使他有的学说本身——如其企图推翻牛顿理论的《颜色学》——事实证明并不正确,却并非全无价值,相反仍处处闪烁着思想的光彩和智慧的火花。

歌德一生醉心科学实验和研究,十分看重自己在这方面的作为,认为文学和科学两者同样需要人的创造性,对于历史的发展同样十分重要。1816 年至 1817 年间,为弄清自己的植物形变论著作在学术界的接受情况,他在搜集整理材料时写下了这样一句话:"没有任何地方的人愿意承认,科学与文学二者可以结合起来。人们忘记了,科学原本就发展自文学……"②歌德这一独到、深刻的思想,也证明歌德是一位超凡脱俗的文艺美学家兼自然哲学家。

还值得一提的是,文学与科学的相互结合、相互促进,在歌德身上真正得到了实现。一方面,他的不少文学作品直接以自然科学为题材。例如,在论著《颜色学》里穿插了不少诗歌;他有一首哀歌(Elegie)题名就叫《植物的形变》,等等。再如大家熟悉的小说《亲和力》的书名和情节,都是以当时的化学发现为背景构建起来的;不了解这个背景,便很难真正读懂这部小说。特别是《浮士德》的故事,更糅合进了当时有关生命起源和地壳形成的科学论争,自然哲学和宇宙哲学思想更是深刻、丰富到了极点。

歌德研究自然科学不但有多部专著存世,不但影响、促进和渗透进了他的文学创作,也可以说已经建立起自己的自然哲学体系。如前所述这个体系有一个中心,就是他重视实践、变化和发展的进化论思想。

正是在这样的思想基础上,歌德并非关起门来潜心于个人的

---

① 高中甫:《歌德接受史(1773—1945)》,第 205 页。
② Bernd Witt (hrsg.): *Goethe-Handbuch*, Band 4/2, S.781, Verlag J.B. Metzler 1998.

研究和著述,而是同时积极参与科学和社会实践,尤其关心世界范围内科学技术的进步,在晚年对诸如修建巴拿马运河、多瑙—莱茵运河以及苏伊士运河等等世纪工程,都表现出了浓厚的兴趣。

第三类,谈话、书信、格言、警句。

除了文学作品和自然科学著作,歌德思想的这第三类载体同样数量可观和重要,其中最著名、影响也最大的是艾克曼辑录编撰的《歌德谈话录》,以及《歌德席勒文学书简》。作为作家,歌德也特别喜欢写作警句、格言、赠辞,例如独立成篇的《威尼斯警句》和《格言与反思》(*Maxime und Reflesionen*),以及在《亲和力》和《漫游时代》中以"日记摘抄"、"观感"形式出现的警句等等。这一类载体不但同样富含伟大深刻的思想,而且往往还表现得更加地直接、集中和突出、鲜明,可以讲浓缩、结晶着思想家歌德的大量智慧。对于博大浩瀚的歌德思想而言,这第三类载体显得数量较小,看似不怎么起眼,但对我们研究者来说,至少与歌德的前两类作品一样不可忽视。

对于歌德著作中的文学作品、自然科学著作和谈话、书信、格言、警句这三类文字,前面只不过挂一漏万地举例作了说明,由此已可看出歌德的思想有多么渊博和丰富。

歌德思想的特质

要称为一位伟大的思想家,光是思想渊博、丰富,似乎还嫌不够。仅用上面举的例子,特别是用《普罗米修斯》、《神性》、《威廉·迈斯特》和《浮士德》等作品所表现和蕴涵的思想、精神,已可以说明歌德思想的另外一些特质,即它非同一般的高尚、博大和超前。

不是吗,他上述代表作的主人公几乎无例外地都是胸怀宽广的思想者,都有着思想家的禀赋,同样也经受着思想者的痛苦和磨难。维特的烦恼、浮士德的苦闷,不就是思想者典型的烦恼和苦闷;普罗米修斯的自白、迈斯特的"观感",不就是发出声音的思想?

上述这些作品,都鲜明地表现了歌德一贯视人类为一个不可分割的整体,把人的尊严和广大民众的幸福看得高于一切的人类意识。那个敢于按照自己的模样塑造人,希望人们和他一样"去受苦,去哭泣,去创造,去欢乐"但却不尊敬神灵的普罗米修斯,体现了一种积极进取、自尊自强的人生哲学,不堪为我们人类的榜样?《神性》中那个高贵、善良、乐于助人,并且能分是非、辨善恶和治病救命的单数的"人"(der Mensch),显然是思想家歌德头脑中理想的人类,不值得今天现实的人类效仿吗?还有那位为追求人生真谛上天入地、九死不悔、自强不息、立志为千百万人开拓自由幸福疆土的浮士德博士,更堪称胸怀博大的人文主义者的化身,是歌德的"高贵、善良、乐于助人"的人类的典范!

一句话,这些作品和人物所体现的歌德思想,完全当得起高尚、博大这样的赞语。

再看看歌德思想的超前。

和他的自然哲学思想以进化和实践为核心一样,如前所述,歌德的人生哲学和社会理想也有一个核心,那就是欧洲自文艺复兴以来一脉相传的人道主义或人文主义思想。只不过到了歌德这儿,传统的以人为本的思想得到发扬光大,人的含义从个人主义的"小我"扩展为了千百万人的"大我",扩展为了整个人类。歌德正因为富有高尚、博大的人道精神和鲜明、强烈的人类意识,所以胸怀特别宽广,眼光特别超前,思想往往突破地域、民族、宗教、国家的界线和时代的束缚,所关心的常常是人类和世界共同的问题。[①]正因此,歌德思想也具有世界的普适性,为全人类所认同,并且能冲破时光的阻隔历久常新,具有即使在今天仍富有意义的超前性质。

为说明歌德思想的超前性和现实意义,下面就以他著名的"世界文学"构想做一个个案分析。

"世界文学"构想与"全球化"

由歌德塑造的"世界文学"这个词,具有内涵丰富、深刻、超前

---

① 请参阅《走近歌德》,第 330—343 页。

等一系列品质,是歌德思想一个典型而集中的体现。照我看它不仅如朱光潜先生指出的那样是歌德文学和美学思想的重要组成部分,也反映了这位大诗人和大思想家积极进取、充满人文主义精神的世界观,乃是他视人类世界为一个整体的人类意识和世界意识的结晶和升华,其高瞻远瞩的超前性尤其值得重视。

还在马克思恩格斯于《共产党宣言》中提到"一种世界的文学"①之前二十年的1827年,"世界文学"(Weltliteratur)一词就已出现在歌德的口中和笔下;在我们中国最为人熟知和称道的,自然是当年1月31日他与艾克曼的谈话,因为话题是由歌德正在阅读的《好逑传》这部明代小说引起的。②

此一与艾克曼的谈话,远非歌德论及世界文学这个当时尚属崭新概念的唯一一次,也不是最早或最后的一次。在此之前,在他自己办的《艺术与古代》杂志的第六卷第一期中,歌德就曾写道:"……我坚信一种具有普遍意义的世界文学正在形成,而在未来的世界文学中,将为我们德国人保留一个十分光荣的席位……"③随后,在1827年1月27日给友人施特莱克福斯的信中,歌德又写道:"我深信正在形成一种世界文学,深信所有的民族都心向往之,并因此而做着可喜的努力,德国人能够和应该做出最多的贡献,在这个伟大的聚合过程中,他们将会发挥卓越的作用。"④如此等等的事实,说明世界文学这个概念在歌德并非偶然提了出

---

① 《共产党宣言》写道:"资产阶级,由于开拓了世界市场,使一切国家的生产和消费都成为世界性的了……旧的、靠国产品来满足的需要,被新的、要靠极其遥远的国家和地带的产品来满足的需要所代替了。过去那种地方的和民族的自给自足状态和闭关自守状态,被各民族的各方面的互相往来和各方面的互相依赖所代替了。物质的生产是如此,精神的生产也是如此。各民族的精神产品成了公共的财产。民族的片面性和局限性日益成为不可能,于是由许多民族的文学和地方的文学形成了一种世界的文学。"见《马克思恩格斯选集》1972年版,第1卷,第254页。

② Eckermann: *Gespräche mit Goethe*, Insel Verlag 1981年版,第1卷,第210页。

③④ 引自 *Goethe Werke*, Hamburger Ausgabe 第12卷,第362页。

来,而是经过长期、深入的思索,形成了具有丰富内涵的相当系统的思想。①

那么,为什么歌德,或者说恰恰是歌德,首先产生和提出了关于世界文学的伟大思想呢?

客观条件略而不论,只讲歌德个人的主观原因。简言之,就是他有着思想家渊博的学识,宽广的胸怀,超前的眼光,就在于他不是站在狭隘的德国人的立场上观察问题,而是胸怀着全人类和全世界。他说过:"作为一个人和一个公民,诗人会爱自己的祖国。然而,他在其中施展诗才和进行创造的祖国,却是善、高尚和美。"他还讲:"广阔的世界,不管它何等辽阔,终究不过是一个扩大了的祖国。"②所以他格外关注和重视诸如美国独立、法国大革命以及建造第一台机车这类对整个世界历史进程有积极影响的大事,而对自己国家反对拿破仑的所谓解放战争一点不感兴趣。正因此,歌德虽然生活在分裂落后的德国,困居于小小的魏玛城,目光却能超越德国乃至欧洲的界线,密切关注着全人类的发展进步,并且实际参加因为人类的进步而开始的那个"伟大的聚合过程"——由民族的文学和地方的文学形成世界文学的过程。总之,诗人歌德乃是一个以全人类为同胞、以世界为祖国的胸怀博大的人道主义者,一个事实上的世界公民,同时又是一位深深植根于本民族文化传统中的诗人和思想家。这,就是他产生世界文学这一光辉思想的世界观基础,亦即最重要的主观原因。所以,对歌德来讲,产生关于"世界文学"的思想可谓顺理成章,水到渠成。

写到此,我们自然会进一步问,歌德心目中的"世界文学"具体是个什么样子呢?对于这个问题,还是听听歌德自己的回答吧。

1827年,他在《德国的小说》一文中写道:"既让不同的个人和不同的民族保持自己的特点,同时又坚信只有属于全人类的文学

---

① 不排除在歌德之前使用过"世界文学"这个词,甚或提出过有关的想法;但是对其进行反复、系统而且深刻的阐述,歌德却肯定是第一个。

② 转引自 P.Boerner: *Johann Wolfang von Goethe*, Rowohlt Verlag 1978 年版,第130页。

才是真正有价值的文学,这样,就准保能实现真正的普遍容忍。"第二年,在《艺术与古代》杂志第六卷第二期,他又写道:"这些杂志正赢得越来越多的读者,将最有力地促进一种我们希望的具有普遍意义的世界文学的诞生。只是我们得重申一点:这儿讲的世界文学,并不意味着要求各民族的思想变得一致起来,而只是希望他们相互关心,相互理解,即使不能相亲相爱,也至少得学会相互容忍。"到了1830年,歌德已八十高龄,关于世界的文学思想仍萦绕在他心中。在为卡莱尔的《席勒生平》一书写的序言里,他又道:"好长时期以来我们就在谈论一种具有普遍意义的世界文学,而且不无道理:须知各民族在那些可怕的战争中受到相互震动以后,又回复到了孤立独处状态,会察觉到自己新认识和吸收了一些陌生的东西,在这儿那儿感到了一些迄今尚不知道的精神需要。由此便产生出睦邻的感情,使他们突破过去的相互隔绝状态,代之以渐渐出现的精神要求,希望也被接纳进那或多或少是自由的精神交流中去。"

歌德对世界文学这个概念的解说,至少包含以下三层意思:

首先,歌德认为"人类取得进步","世界和人的生活前景更加广阔",乃是世界文学得以产生的原因;这与《共产党宣言》把世界市场的形成看作出现"世界的文学"的前提,基本精神一致。

其次,歌德认为世界文学形成的最起码条件和最重要结果,就是实现各民族之间普遍的容忍。为此,各民族应通过包括文学交流在内的精神交流,学会相互了解,相互关心,相互尊重。歌德这种以容忍为基本内容的世界文学思想,是一种热爱人类、热爱和平的真诚情感在文学观中的反映。它发展了歌德与席勒过去提出的以美育改造人性的理想,将启蒙思想家倡导的不同宗教和教派之间的宽容,扩展为了各民族之间的宽容或者说容忍。

再次,歌德坚信,"只有属于全人类的文学才是真正有价值的文学。"也就是说,文学——真正有价值的文学应该为人类服务,被人类所理解和接受。文学的历史证明,这是一个真理。正由于各民族都贡献出了数量不等的这样的作品,世界文学在今天早已成为现实。歌德之所以能写出《浮士德》这样的不朽杰作,之所以能成为各国人民共同景仰的世界大文豪,正由于他有着为全人类而写的明确意识。因此,歌德心目中的世界文学的第二个含义,就是它不仅仅属于一个地区、一个民族,而且属于全人类和全世界。所以他深信,"诗是人类共同的财富"。

但是与此同时,歌德又讲要"让不同的个人和不同的民族保持自己的特点",讲世界文学"并不意味着要求各民族思想变得一致"——这就是歌德对世界文学解说的第四层意思。作为一位德国作家,歌德不只一次强调"在未来的世界文学中,将为我们德国人保留一个十分光荣的席位"。正因此在创作实践中,他一方面努力吸收其他民族文学的优点,奉行"拿来主义",但同时却不放弃自己的传统;他创作的《西东合集》也罢,《中德四季晨昏杂咏》也罢,其基调仍然是西方的,德国的,歌德的。他的浮士德,这位人类杰出的代表,仍然是一个德国男子。总而言之,歌德有关世界文学的思想以及实践,都绝无抹煞民族特点和否定历史传统的意思。

整个看来,歌德关于世界文学的思想,既富于博大、积极、进步、乐观的人文精神,也充满深邃、超前的辩证精神。[1]

歌德在差不多180年前形成的世界文学构想,已有了近乎于文学、文化领域中的"全球化"思维;他就此提出的一系列观点,诸如为迎接"世界文学"时代的到来而力主各民族之间"实现真正的普遍容忍",认为民族仇恨乃是"文化水平"低下的产物,希望"让不同的个人和不同的民族保持自己的特点",亦即在正视全球化、强调世界性的同时仍尊重和保持多样性等等,不只其超前性质不说自明,而且对我们思考当今引发了诸多困惑和矛盾的所谓"全球化"问题,仍不无一定的参考价值和现实意义。

歌德大胆而超前的思想不胜枚举。在自然科学领域,除了他那曾经引领时代潮流的形变理论,他在《浮士德》中对 Homoculus(人造人)的描写更可谓有趣而惊人,因为不只让人想到我们今天

---

[1] 关于歌德的世界文学构想,可进一步参阅《走近歌德》,第108—119页。

的试管婴儿,而且在德国已有学者把它与基因工程和克隆人的论争联系了起来。①至于在社会和家庭伦理方面,小说《亲和力》表现的婚姻、恋爱观,在十九世纪初超前到了惊世骇俗的地步,而在今天的西方乃至我们这里却正好时兴。

结　语

在人类社会产生的思想家中,歌德无疑占有一个独特而显眼的位置。他思想的卓越、深刻,堪与柏拉图、康德、黑格尔等媲美;他的胸怀博大、高瞻远瞩,却几乎无人可及。中外古今,像歌德似的兼为大作家和大思想家者屈指可数,甚至可以讲只有一个,正如"奥林匹斯山上的宙斯"(恩格斯语)只有一个一样。

由此想到百年来我国包括我本人的歌德译介和研究,主要还只着眼于歌德的文学创作,忽略了他留给我们的更加丰富、巨大的思想遗产。因此我们仅仅把歌德看成一位作家和诗人而忽略了他是伟大的思想家,这使我们见木不见林,使我们的译介和研究仍停留在作家生平及其作品文本的局部和表面,而没有深入他思想家的本质做总体精神的把握。这不能不说是一个严重的缺陷。在此情况下,比较全面、深入地做思想家歌德这个题目的研究,笔者以为在今天便有了迫切的补课意义。

---

① Manfred Osten: "*Drahtlose Traumreise*", in "*FrankFurter Allgemeine Zeitung*"(《法兰克福汇报》)30. März 2002, Seite 47.

目 录

代序　思想家歌德 …………………………………… 1
一　人·人性·人生 …………………………………… 1
二　自然·宇宙 ………………………………………… 33
三　社会 ………………………………………………… 56
四　宗教 ………………………………………………… 72
五　哲学 ………………………………………………… 87
六　文学艺术 …………………………………………… 104
七　立身行事 …………………………………………… 150
八　爱情 ………………………………………………… 170
代跋　永远的歌德　永远的伟大 …………………… 185

一 人·人性·人生

神　　性

愿人类高贵、善良，
乐于助人！
因为只有这
使他区别于
我们知道的
所有生灵。

让我们祝福
未曾认识的
预感中的神灵吧！
愿人类酷肖他们
人的榜样教我们

相信神的存在!

须知大自然
没有知觉:
太阳同样照着
好人与坏人;
罪人与善人头上
同样闪耀着
月亮和星星。
风暴、雷霆,
洪水、冰雹
都恣意肆虐,
匆匆地攫住
这个那个,
不加区分。
还有那幸福
也在人间摸索,
时而抓住男孩
纯洁的卷发,
时而摸到老者
罪恶的秃顶。

遵循永恒而伟大的
铁的法则,
我们大家都必须
走完自己的
生的环形。

只有人能够
变不能为可能:

他能区别、
选择和裁判,
他能将永恒
赋予一瞬。
只有人能够

奖励善人,
惩罚恶人,
治病救命,
将一切迷途彷徨者
结合成有用的一群。

而我们尊敬
不死的神灵,
好像他们也是人,
也在大范围内做着
优秀的人经常做
和乐意做的事情。

愿人类高贵、善良,
乐于助人!
愿他不倦地
造福行善,
成为我们预感中的
神的榜样!

解说

  这首诗名为《神性》,实际上却是人和人性的赞歌。它告诉我们:人区别于或者说高于其他一切生灵,因为人可以是高贵、善良和乐于助人的,因为只有人才有良知和德行;人并且能区分善恶,用精神的创造将永恒赋予一瞬,做到大自然不可能做到的事情,虽然人也是自然的一部分,同样遵循着"铁的法则",要走完生的环形;我们之所以相信神的存在,就因为在现实生活中有优秀的人的榜样,也就是说,人按自己的模样创造了神。所谓神性,不过就是理想的人性罢了。

《神性》和《普罗米修斯》一样,都洋溢着人道主义的精神。但是,如果说后者富于反抗的激情的话,前者则蕴涵着更多、更深沉的哲理。

普罗米修斯

宙斯,用云雾把你的天空
遮盖起来吧;
像斩蓟草头的儿童一样,
在橡树和山崖上
施展你的威风吧——
可是别动我的大地,
还有我的茅屋,它不是你建造,
还有我的炉灶,
为了它的熊熊火焰,

你对我心怀妒嫉。

我不知在太阳底下,诸神啊,
有谁比你们更可怜!
你们全靠着
供献的牺牲
和祈祷的嘘息,
养活你们的尊严。
要没有儿童、乞丐
和满怀希望的傻瓜,
你们就会饿死。

当我还是个儿童,
不知道何去何从,
我曾把迷惘的眼睛
转向太阳,以为那上边
有一只耳朵,在倾听我的怨诉,
有一颗心如我的心,
在把受压迫者垂怜。

是谁帮助了我
反抗泰坦巨人的高傲?
是谁拯救了我
免遭死亡和奴役?
难道不是你自己完成了这一切,
神圣而火热的心?
你不是年轻而善良,
备受愚弄,曾对上边的酣眠者①

---

① 指宙斯。

感谢他救命之恩?

要我尊敬你? 为什么?
你可曾减轻过
负重者的苦难?
你可曾止住过
忧戚者的眼泪?
将我锻炼成男子的
不是那全能的时间
和永恒的命运吗?
它们是我的主人,
也是你的主人。

你也许妄想
我会仇视人生,
逃进荒漠,
因为如花美梦
并未全都实现?
我坐在这儿塑造人,
按照我的模样;
塑造一个像我的族类:
去受苦,去哭泣,
去享受,去欢乐,
可是不尊敬你——
和我一样!

解说

颂歌《普罗米修斯》(1774) 是同名悲剧残篇中的一段独白。主人公普罗米修斯是希腊神话里的泰坦族巨人伊阿珀托斯的儿子。为了造福人类,他窃取天上的火种带来人间,触怒了主神宙斯,被锁在高加索山上受尽折磨,但仍不屈服,后为希腊英雄赫拉克勒斯所救。在西方文学中,普罗米修斯成了人们钟爱的不畏强暴、乐于为大众的自由解放而献身的英雄典型。

在这首颂歌中,我——普罗米修斯,被压迫人类的代表和你——宙斯,封建势力的象征之间,形成了尖锐的对立。我被大书特书;我的自立、自主、自救精神,得到了充分的宣示和颂扬,而神的权威和虚伪本质,却遭到了无情的讽刺和蔑视。此诗体现了欧洲从文艺复兴而宗教改革而启蒙运动,到了法国大革命之前的狂飙突进时期,新兴的资产阶级的阶级意识进一步觉醒,反封建的人文主义思潮空前高涨,在普罗米修斯这个崇高的形象身上,我们看到了独立不羁的、富有创造力的、自然发展的人耀眼迷人的光辉。

特别值得一提的是,颂歌结尾处的"去受苦,去哭泣,去享受,去欢乐",大声地、明白无误地宣布了一种新的入世的人生观,即处于艰苦创业和奋发向上阶段的资产阶级的人生观,与后来浮士德敢于上天入地和"把人间的苦乐一概承担"的精神,也即世人津津乐道的"浮士德精神"一脉相承。

伽尼墨德斯

你的炽热的注视
令我如沐朝晖,
春天啊,亲爱的!
带着千般爱的欢愉,
你那永恒的温暖的
神圣情感涌上
我的心头,
无限美丽!

我真想张开双臂
将你拥抱!

我愿躺在你的怀中,
忍受思慕的饥渴,
让你的花和你的草
跟我的心紧贴在一起。
可爱的晨风啊,
请带给我焦渴的心胸
以清凉的滋润!
从那雾谷的深处,
已传来夜莺亲切的呼唤。

我要去了,我要去了!
去向何方,啊,何方?

向上,奋力向上!
白云飘然而降,
白云俯下身来,
迎接热诚的爱人。
迎接我!迎接我!
让我在你的怀抱里
飞升!
让我们相互拥抱!
飞升到你的怀中,
博爱的父亲!

解说

　　伽尼墨德斯是希腊神话中的美少年,为宙斯所喜爱,被宙斯接上天去做侍酒童子,因而得以永葆青春。诗人歌德创造性地改造这个故事,让自己化身为美少年伽尼墨德斯,对着被视为爱人的春天放开歌喉,纵情歌唱——

　　这首诗成功地使用了拟人化或者说拟神化的手法,春天变成了美丽的爱人,大自然变成了博爱的天父,白云是天父的使者,清风、夜莺和自然界的一花一草全都充满了人性或者说神性;而诗人自己,也是充满神性的自然界的一部分,也是自然父亲的骄子。使《伽尼墨德斯》一诗特别优美动人和不同凡响的,还是它那巧妙的构思和深邃的立意。歌颂自然、亲近自然、渴望与自然融为一体的思想,层次分明地、形象而富有戏剧性地,在短短的几节诗中展现了出来,取得了巨大而强烈的艺术效果。此诗恰到好处地表现了歌德的泛神宗教观和哲学思想。

斯致驭者克洛诺斯

加把劲儿,克洛诺斯!
快策马前驱!
道路正通向山下;
你要是迟疑踌躇,
我便会头晕呕吐。
快振作精神,不惧怕
道路坎坷和颠簸,
快送我奔向生活!

气喘吁吁,
举步维艰,
眼前又要奋力登山!
快向上,别怠惰,
满怀希冀,勇敢向前!

站在高山上眺望,
四野生机一片!
从山岭到山岭,
浮泛着永恒的灵气,

充溢着永生的预感。

道旁凉篷下的荫处
吸引你去休憩,
门前站着一位少女,
令人一见心里欢喜。
快去饮一杯酒!——姑娘,
请也赐我泡沫翻涌的佳酿,
还有你青春健康的一瞥!

下山了,快冲下山去!
看!红日正西沉!
趁它还挂在天边,
趁雾霭还未从沼泽升起,
趁我衰老没牙的腭骨尚未
上下磕碰,腿脚尚未颤栗——

快载我这老眼昏花、
迷惘陶醉的旅客,
身披着落日的霞光,
眼含着翻腾的火海,
向那地狱的黑夜之门冲去!

克洛诺斯,吹响你的号角,
让马蹄得得作声,
使冥府的居民听见:我们来了;
让冥府的主人赶到门边,
殷勤地迎接我们。

解说

　　与写升天堂的《伽尼墨德斯》恰好相反,《致驭者克洛诺斯》,写到了入地狱。但这只是表面的矛盾,两首诗以及前面的《普罗米修斯》,从思想到形式都可以说和谐一致,相互补充,构成了一个整体。1774年10月10日,歌德把来访问他的前辈诗人克洛普斯托克送到达姆施塔特城,于驰返法兰克福的马车中即景生情,写下了《致驭者克洛诺斯》这首颂歌。可诗题中的克洛诺斯并非他面前的马车夫,而是希腊神话中的时光之神,亦即宙斯的父亲。①在歌德的想象中,他成了操纵人生马车的驭者——

很显然,诗里写的不仅仅是歌德于归途中的经历和所见到的自然景物,而是记录了他对人生的思考,只不过他在思考时使用了象征性的诗的语言罢了。人的生命原本就是一种时间现象,所谓没有时间界限的永生纯属宗教幻想和无稽之谈。随着时光的流逝,死亡终会到来的。有生必有死,生与死互为前提;死亡是生命的最后归宿,死亡又孕育着新的生命。因此,在诗人的笔下,人生的马车自然便该由时间之神克洛诺斯来驾驭。人生旅程的最后一站,人生的最后归宿,便成了死亡。这是大自然铁的定规,我们任何人都无法更改它,而只能去把握和适应,以使我们的生命更加充实,更有意义。

值得一提的是,在写成此诗之前的不久,年仅二十五岁的歌德刚出版了小说《少年维特的烦恼》,一跃而登上欧洲文坛的王座。在这事业与声望都如旭日东升的时候,他心中充满希冀,渴望奔向充实的生活,决心去攀登人生的新的高峰,这些都是很自然的,可以理解的。可与此同时,他在诗中已谈到老和死的问题,似乎就于情理不合而令人费解了。事实是,年轻的诗人这时也并未真的感到老与死的威胁,而只是面对西下的夕阳即景生情,对人生进行了一番哲学思考而已。事实上,死与生的关系作为一个哲学问题,的确是歌德从青年时代起就在考虑的。在一系列抒情诗中,在《少年维特的烦恼》中,在《浮士德》中,都有关于死亡的精辟的思想。对于歌德来说,死只是回到大自然母亲的怀抱,只是变(Werden);而

---

① 克洛诺斯原文为 Chronos,歌德误作了 Kronos。

对他来说,变又构成了发展和产生新的生命的前提。①

至于《致驭者克洛诺斯》一诗的最后两节,把死亡之行写得兴高采烈、威武雄壮,就不仅表现了歌德的上述哲学思想,而且也洋溢着时代的狂飙突进精神,那就是生要充实、美好、轰轰烈烈,死要勇敢、豪迈、高高兴兴。

抒发自己对于包括死亡在内的整个人生的感想,这就是《致驭者克洛诺斯》含蓄、深刻而丰富的内涵。

冰 上 人 生

放心大胆地滑向冰面,
那儿没有勇敢的先行者
为你开路,你会发现
道路要你去为自己开辟!
别激动,我亲爱的心,
即使冰嚓嚓响,但不会破碎,
即使冰破碎了,你也不会碎!

---

① 在这一点上,歌德的思想与我们面对死亡鼓盆而歌的庄周似有相近之处。

解说

歌德年轻时正值滑冰运动在欧洲兴起,他很快就迷上了这项运动。这首作于 1775—1776 年冬天的《冰上人生》,以滑冰运动讽喻人生,表达浮士德精神一样积极进取的人生观。

王者的祈祷

哈,我是世界的主宰,
为我效力的高贵的人都爱我。
哈,我是世界的主宰,
我也爱为我效力的高贵的人。
在天的神灵呵,我求求你,
永远别让我失去高贵和爱心。

怯懦的思想……

怯懦的思想,
胆小的动摇,
畏葸的踌躇,
忧戚的怨诉,
不能使你自由,
免除你的痛苦。

不畏任何强暴,
始终保持骄傲,
永远昂首挺立,
显得强壮有力,
这样就会招来,
诸神的臂助。

人的感情

你们伟大的神灵啊,
你们高踞在宽广的天庭,
请将坚定的信念和无畏的
勇气,赐予我等凡人——
那宽广的高高的天空呵,
我们情愿让给仁慈的你们。

墓　铭

少年时孤僻而倔犟,
青年时狂妄而固执,
壮年时敢作又敢为,
老年时轻率而怪癖!
要这样,你的碑上便可刻着:
一个真正的人在此安息!

解说
　　歌德为自己戏拟的这则墓铭也在一定程度上反映出他的人生观,同时为他的自况,和后边的《父亲给我强健的体魄……》一起读更有意思。

漫游者的夜歌

(之一,1776)

你从天国中来,
消解人世的万般痛苦,
谁感受着双倍的困厄,

就给谁双倍的慰抚!
唉,我已经倦于驱驰!
苦与乐全不在乎!
甘美的和平啊,
来吧,快来我心中长驻!

(之二,1780)

一切的峰顶
沉静,
一切的树梢
全不见
一丝儿风影;
林中鸟儿们静默无声。
等着吧,你也快
得到安宁。

水上精灵之歌

人的灵魂
就像水:
它来自天空,
又回到天空,
然后再
落向大地,
循环始终。

从高高的
峭壁泻下
一道清流,
转瞬间散作

飘渺的水雾，
降至平岩，
被轻轻负着，
如柔曼的纱幕，
淅淅沥沥，
飘进山谷。

有嶙峋乱石
阻挡去路，
便飞沫激溅，
冲破层层阻拦，
坠落渊薮。

沿平缓河床
悄悄流进幽谷，
化作平湖一片，
让满天星斗
把芳颜细睹。

风是水波
可爱的情郎，
从湖底掀起
汹涌的波浪。

人的灵魂，
你多像水！
人的命运，
你多像风！

解说

1779 年 9 月至 1780 年 1 月,歌德又一次到瑞士旅行,在劳特布鲁嫩附近观赏了高达 300 米的施陶巴赫大瀑布。面对着飞流直下、水花四溅、雾气升腾的动人自然景观,诗人遐想联翩,对人的灵魂和命运等问题作了富有哲理和诗意的思考。

无常中的永恒

把握住早年的幸福,
唉,哪怕只一个时辰!
转眼间西风拂来,
便会是花雨纷纷。
那赐我阴凉的绿叶,
我怎能为它欢欣?
秋来它很快枯黄,
让狂风刮得漫天飘零。

如果你想摘取果实,
就快将你的一份采摘!
这一些刚开始成熟,
那一些已长出芽来;
每一场骤雨过后,
你可爱的山谷都会把
容颜改,在同一条河里,
唉,你不可能游第二次。

还有你自己!在你面前
矗立着城垣和宫殿,
坚固如磐石,可是你

看它们的目光不断改变。
曾经热烈亲吻的唇,
它如今已一去不返,
曾经攀登峭壁的脚,
不再和羚羊比试勇敢。

还有那举止温柔的、
乐于为善的手,
还有那四肢和躯体,
也全都不似往昔。
在那儿用你的名字
呼唤的一切事物,
已如飘来的一朵浪花,
匆匆地汇入元素里。

让开端连着结束,
融合成一个整体!
要赶在其他物体前,
飞快超越你自己!
感谢缪斯,她恩赐给我们
两件永恒的珍宝,
那就是你胸中的思想
以及你心里的形式。

解说

　　此诗作于 1803 年。在歌德诸多反映其世界观和人生观的哲理诗中,这是较著名的一首,表达的是:人生易逝,但思想、精神和表现它们的形式永存,艺术永存。

高龄的植物象征

"从那个时期的一些信我清楚看出,人在每一个年龄段与其或前或后的一些年比较起来,都会有某些超前的思想或落后的思想。例如在四十来岁时,我对一些事情就得清清楚楚,见地不凡,在某些方面甚至胜过了现在;不过我现在八十岁了,也有不少优越之处,要我拿它们跟那个时候的长处交换我是不肯的……试想有一片已经长得有棱有角的叶子,它乐意从已经充分伸展的状态再变回蜷缩局促的坏叶么?很好很好,咱们甚至有了一种植物象征高龄,就是已经过了开花结果季节,虽不再生产却仍在蓬蓬勃勃生长的那种。"

——艾克曼辑录《歌德谈话录》

人是个懵懂的造物

"人应该努力认识自我,在所有的时代都这样讲,反反复复地这样讲。这是一个稀罕的要求,迄今没有谁达到过,也根本没有谁能达到。人的全部思想和欲求通通指向外界,指向围绕着他的世界;他所要做的,只是为达到自己的目标而尽可能认识世界,让世界为自己所用。只有在享乐和受苦的时候,他才知道自身;也只有通过享乐和受苦,他才会认识到自己应该追求什么,避免什么。再说呢人是个懵懂的造物,不知道自己从哪儿来,到哪儿去;他了解世界很少,了解自己最少。我同样不了解我自己,也希望上帝别让我了解自己。但我想说的是,我到了四十岁才在旅行意大利期间变得聪明起来,对自己有了足够的认识,知道自己不是搞造型艺术的材料,过去的努力方向错了。我画画时缺少表现实物的足够欲望;面对素材的强烈影响我存在某种恐惧,合我口味的是那种比较软的、温和的东西。"

——艾克曼辑录《歌德谈话录》

错误的志向不无益处

"糟糕的是人一生中受错误志向的耽误如此之多,却从来不认识这样的错误,除非已经摆脱了它。"

"可怎么能看出和知道一个志向是错误的呢?"我问。

"错误的志向没有创造力,即使能创造出点什么,也毫无价值。发现别人有这个情况不怎么难,可换成了自己,就需要有大而活跃的智慧啦。及时发现了吧也并不总是有用;还会犹豫、疑惑、优柔寡断,就像很难甩掉自己心爱的姑娘,尽管她的不忠早已反复得到证明。我这么讲,是因为我想起自己花了许多年,才认识到自己搞造型艺术的志向是错误的,而要摆脱它,在认识到以后又花了许多年。"

"不过,"我接过话头,"这个志向给您带来了那么多好处,很难再称它是错误的吧?"

"我因此长了见识,所以也心安理得。而这,正是每个错误志向都能给我们的好处。一个音乐天赋不够却花了力气学音乐的人,固然永远成不了大师,但是将学会识别和珍视大师的作品。我拼命努力固然仍没能成为画家,但却尝试过这门艺术的方方面面,从而学会了欣赏一笔一画,辨别成功与失败。这同样是不小的收获,所以即使错误的志向也很少完全没有益处……"

——艾克曼辑录《歌德谈话录》

回顾一生,唯有辛劳和工作

"大家常称赞我是一个特别幸运的人;我自己呢,也不想抱怨,说对自己生涯不满的难听话。只是呢,归根结底只有辛劳和工作,别的什么都没有;大概可以讲吧,在我长达七十五个春秋的一生中,真正安逸快乐的日子不到四周。这就像一块永远要往下滚的大石头，你得没完没了地重新往山上推它。①我的编年史将把此处说的这些话，解释得明明白白。要我有所作为的呼声，外来的也罢，发自内心的也罢，真是太多了。

"我真正的幸运是我的文学思考和创作。然而我所处的环境，又多么严重地干扰、制约和妨碍我了哟！要是我能离社会活动和日常事务远一点，多一些离群索居的时间，那我会更加幸福，取得的文学成就也会多得多。是啊，我写完《葛慈》和《维特》不久，一位智者曾说过这样一句话：你对世界有了贡献，为报答你世界就会做出安排，让你别又一次这样做。现在看来，此话在我身上应验喽。

"闻名遐迩，位高权重，在生活里本是好事。只不过我靠自己的所有名和位没有得到任何好处，换来的只是对别人的意见保持沉默，否则便会得罪人。这样做的好处是我总知道别人怎么想，别人呢却不知道我怎么想，要不然啊，真就开了一个愚蠢透顶的玩笑。"

——艾克曼辑录《歌德谈话录》

天才让人追慕却不可企及

"人老了，对世事的想法就会跟年轻的时候不同。例如我总摆不脱这样一个想法，就是灵魔为了挑逗和愚弄人类，时不时地总会树一些特具诱惑力的典型人物，让人人都去追慕他们，然而却谁都追不上，因为他们太伟大。例如思想和行为同样完美的拉斐尔，就是灵魔树的一个这样的人物；某些杰出的后来者已经接近他，却没有谁把他追赶上。还有音乐里的莫扎特同样不可企及。还有文学方面的莎士比亚也是。我知道你对此会提出怎样的异议，可我指的只是自然资质，只是天生的禀赋。在这方面拿破仑同样高不可攀。

---

① 典出希腊神话中的西绪弗斯传说。

俄国人克制住了自己,没有进军君士坦丁堡,①尽管因此很伟大,可拿破仑也具有这样的品质,因为他也克制住了自己,没有进军罗马。"

——艾克曼辑录《歌德谈话录》

天才要以强健的体魄为基础

"天才自然并非遗传,但却须要有一个适当的身体基础;因此,一个人是家里的老大或是老幺,是年富力强的父母所生或是年老体弱的父母所生,就决不一样了。"

——艾克曼辑录《歌德谈话录》

纵然下沉,太阳依旧是那个太阳

"一个人七十五岁了,不可能不有时候想到死。我考虑这个问题时异常平静,因为我坚信我们的精神具有不朽的性质,会永永远远地存在和活跃下去。就像太阳,只在我们凡俗的眼睛里像是沉没了,实际上却永不沉没,一直继续在放着光辉。"

——艾克曼辑录《歌德谈话录》

人的成长必然经历不同的阶段

"人的成长必然经历不同的阶段,每个阶段都带有每个阶段的德行和缺点,它们无论出现在哪个阶段,都应看作绝对符合自然的,有一定合理性的。到下一阶段他便会成为另一个样子,丝毫不再有从前的那些优点和缺点,但却变成了别样的优点和缺点。如此地继续变下去,直到最后的那次变化……"

——艾克曼《歌德谈话录》

---

① 君士坦丁堡即今土耳其的伊斯坦布尔,时为控制黑海与地中海之间交通的战略要地。俄国彼得大帝之后的历代沙皇一直觊觎它却未敢出兵。

遗　　嘱

任何存在都不能化作乌有！
万有中活动着永恒的精神，
你要在存在中把握你的幸福！
存在永恒不灭：须知法则
会将生命的宝藏维护贮存，
宇宙因而装点得美丽喜人。

真理早已经被发现。[①]
它联合了高贵的心灵；
快掌握那古老的真理！
为它，要感谢那位智者，
他给太阳的姊妹指出轨道，
让它们永远围绕它运行。

如今你又很快反躬自省：
于身内会发现一个中心，
对此没有贤者存在怀疑。
任何法则都不会消隐：
独立的良心一如太阳，
给道德的白昼带来光明。
然后要信赖你的感官，
只要理智能保持清醒，
你就不惑于假意虚情。
你将兴致勃勃，目明神清，
沉着而又机智地，在世界
欣欣向荣的沃野上行进。

---

① 指哥白尼发现日心说。

有节制地享受富足和幸福；
让理性时时刻刻伴你同行，
生命它就会真正乐享生命。
于是逝去的将长久存在，
未来的预先已生机充盈，
一瞬间也会变成为永恒。

你要是终于获得了成功，
一种感觉将贯注你全身：
唯有劳作收获才算真实——
你要如此检验一切世情，
世事只遵循自己的规律，
你要亲近那少数的精英。

古往今来，哲学家和诗人，
都静静地，随心所欲地，
创造自己心爱的作品，
你同样获得最美的恩赐：
作高贵的人们的先知，
乃是最值得企慕的使命。

解说

　　诗成于1829年，系歌德最后一首独立的诗作，且回顾总结了一生的经验，从这两重意义上讲，确实可视为歌德的"遗嘱"。

生之意义就在反射出光彩

浮士德：
就让太阳待在我的身后吧！

那从悬崖绝壁飞泻的瀑布，
望着它我真个叫欣喜难耐。
它翻卷着一层层落深渊，
随后分解成千道万道急流，
把浪花水沫激溅到云天外。
于是从飞瀑中衍生出虹霓，
似拱桥却有着缤纷的色彩，
它变幻莫测，它时现时隐，
在周围飘洒着清凉的香霭。
这景象反映人的努力进取，
细加玩味，你会更加明白：
生之意义就在反射出光彩。

——《浮士德》第二部

解说

在瀑布这一磅礴奇幻的自然景观面前，诗人常会进行关于人生宇宙的玄想，歌德还有一首著名的抒情诗《水上精灵歌》，也表达了与这节诗类似的思想。

幸福的渴望

别告诉他人，只告诉智者，
因为众人会热讽冷嘲：
我要赞美那样的生灵，
它渴望在火焰中死掉。

在爱之夜的清凉里，
你被创造，你也创造，
当静静的烛火吐放光明，

你又被奇异的感觉袭扰。

你不愿继续被包裹
在那黑暗的阴影内，
新的渴望吸引着你
去完成高一级的交配。

你全然不惧路途遥远，
翩翩飞来，如醉如痴。
渴求光明的飞蛾啊，
你终于被火焰吞噬。

什么时候你还不解
这"死与变"的道理，
你就只是个忧郁的过客，
在这黑暗的尘世。

解说

　　这首诗表现了歌德"死与变"的不断更新自己、超越自己的一贯思想，只是借用了阿拉伯诗人哈菲兹诗中的飞蛾扑火这个意象，带上了东方的智慧色彩。

没有一瞬感到满足！

浮士德：
我只匆匆奔走在这世上，
任何欢乐都抓紧尝一尝，
不满意的立刻将它抛弃，
抓不住的干脆将它释放。

我只顾追求,只顾实现,
然后又渴望将人生体验,
用巨大心力,先猛冲蛮干,
而今行事却明智、谨严。
对于尘世我已了如指掌,
对于彼岸我不再存希望;
只有傻瓜才会盯着云端,
以为有同类居住在上面!
强者应立驻足,放开眼,
世界对他不会默默无言。
他何须去永恒之境悠游!
凡能认识,便可把握拥有。
他该如此路上人生旅途;
任鬼魅出没而我行我素,
于行进中寻找痛苦、幸福,
他呀,没有一瞬感到满足!

——《浮士德》第二部

解说

浮士德面对"忧愁"的这一番夫子自道,宣示了老博士的人生信条,可以视为浮士德精神的一个重要注脚。

你真美啊,请停一停!

浮士德:
一旦我甘心躺上软床,
那就随便你把我怎样!
你要能甜言蜜语哄我,
使我自满和孤芳自赏,
你要能使我沉溺享乐,

那我的末日就已到啦!
这就是我打赌的筹码!

靡非斯托:
好啊!

浮士德:
一言为定!
当我对某一瞬间说出:
你真美啊,请停一停!
就随你把我套上锁链,
我心甘情愿走向沉沦!
那时就可以敲响丧钟,
你就满了服役的期限,
钟会停止,针会坠落,①
我的寿数便算已耗完!
……

让我们投身时间的洪流!
让我们卷入事件的漩涡!
任痛苦和享乐相互交替,
任成功与厌烦彼此混合,
真正的男子汉只能是
不断活动,不断拼搏。

把我的自我扩展成人类的自我

浮士德:
听着,这儿讲的并非什么享乐。

---

① 当时的时钟一停止走,指针便垂下到六点处。

而是要陶醉于最痛苦的体验,
还有由爱生恨,由厌倦转活跃。
我胸中对知识的饥渴业已治愈,
不会再对任何的痛苦关闭封锁。
整个人类注定要承受的一切,
我都渴望在灵魂深处体验感觉,
用我的精神去攫取至高、至深,
在我的心上堆积全人类的苦乐,
把我的自我扩展成人类的自我,
哪怕最后也同样地失败、沦落。

只有生命的金树常青

靡非斯托:
朋友啊,理论全是灰色的,
只有生命的金树常青。①

——《浮士德》第一部

事业是一切

事业是一切,
声名乃虚无。

——《浮士德》第二部

解说

　　这是一句颇能表现浮士德精神的名言,常常被人引用。它意味着浮士德在追求虚幻的美失败后,又把目光转回现实世界,决心

---

①　这两句诗在《浮士德》乃至整个歌德的作品里都最为脍炙人口,但饶有趣味的是它并非浮士德的话,而是由靡非斯托说出。

开始新的、对于事业的追求。

爱能指引道路

只对爱人之人,
爱能指引道路。

——《浮士德》第二部

我们能将他搭救,他永远奋发向上

天　使(漂浮在半空中,抬着浮士德的灵魂):
灵界的高贵成员,
已逃离恶魔手掌,
我们能将他搭救,
他永远奋发向上。
还有上天也给他
如此的关怀厚爱,
还有幸福的一群
衷心欢迎他到来。

——《浮士德》第二部《高山深谷》

解说

"我们能将他搭救,他永远奋发向上。"这句话点明了主人公得救的原因,体现了浮士德精神,歌德非常重视,在原文中也用了异体字加以强调。

是万能的爱

是万能的爱将一切创造和哺育。

——《浮士德》第二部

神秘的合唱

一切无常世象，
无非是个比方；
人生欠缺遗憾，
在此得到补偿；
无可名状境界，
在此已成现实；
跟随永恒女性，
我等向上、向上。
——《浮士德》第二部《高山深谷》

解说

 这一段"神秘的合唱"，为浮士德博士人生悲剧一个总结，其实何止是浮士德，尘世人生莫不如此。所谓"神秘"表面上看似宗教情绪，则为深厚的哲学意蕴。至于"永恒的女性"，更可作见仁见智的不同阐释，说它是以圣母玛利亚或者格利琴为化身的人类赖以生存、繁衍和发展的仁爱，似乎比较合乎作者歌德的伟大人道主义理想。

生而为人的最大幸福

平民、奴隶和统治者，
他们随时都可以承认：
生而为人的最大幸福，
只在能保有自身个性。

任何生活都可以度过，
只要你不把自我失落，

一切一切都可以丢失，
只要你能把本性保持。

（别译）

民众、奴隶和征服者，
他们什么时候都承认：
世上凡人的最高幸福
莫过于保持自身个性。

只要我们不丧失自我，
什么样的生活都可容忍；
我们尽可以失去一切，
只要我们依旧是我们。

人生苦短哟

"人生苦短哟，有必要相互创造一点快乐。"
———艾克曼《歌德谈话录》

人类就像江河一样：木杖刚把波浪划开，波浪又会立刻汇流到一起。
———《铭语与反思》

人类的创作犹如自然的创作一样，真正地说起来，值得注意的主要是动机。
———《铭语与反思》

人类嘛都是一个模子铸出来的。多数人为了生活，不得不忙忙碌碌，花去大部分时间；剩下一点余暇却使他们犯起愁来，非想方设法打发掉不可。这就是人类的命运啊！
———《少年维特的烦恼》

二　自然·宇宙

太初有为！

我写上了:"太初有言!"
笔已停住！没法继续向前。
对"言"字不可估计过高,
我得将别的翻译方式寻找,
如果我真得到神灵的启示。
我又写上:"太初有意!"
仔细考虑好这第一行,
下笔绝不能过分匆忙！
难道万物能创化于"意"?
看来该译作:"太初有力!"
然而正当我写下"力"字,
已有什么提醒我欠合适。

神助我也！心中豁然开朗，
"太初有为！"我欣然写上。

——《浮士德》第一部

解说

　　这是诗剧《浮士德》最脍炙人口的一段，描写浮士德翻译《圣经·新约·约翰福音》第一章第一句时细加斟酌的情景。句中的难点和核心词"Logos"原出希腊文，含有词、言语、上帝之言、理念、理性、宇宙法则等多重意义。浮士德的思考和选择，反映出歌德对宇宙中何为本源问题的哲学观点："太初有为"是他对宇宙成因给出的辩证唯物主义回答。

老想作恶却总是把善促成

糜非斯托：
老想作恶却总是把善促成，
我便是这种力量的一部分。

浮士德：
你这哑谜有什么含义？

糜非斯托：
我就是那个精灵，它惯于否定！
但也有理；因为万物既然生成，
理所当然也有毁灭；
所以最好全然无所生成。
你们所谓罪过啊、破坏啊，
简言之，被称为恶的一切，
正是我的本质特性。

浮士德：
你自称一部分，站在我面前不是挺完整？

糜非斯托：
告诉你一些实际情形：
人类是一群井底之蛙，
爱把自己的世界无限夸大——
我乃构成太初万有的那部分的一部分，
也即黑暗的一部分，是我生育了光明；
光明忘恩负义，背叛黑夜母亲，
竟想夺取她的特权，把空间全占领，
然而费尽心机仍旧徒劳，
因为光永远不能和物体离分。
它源于物体，因物体而显得美丽，
却也被物体阻挡不能前进，
因此我希望过不了多久，
光将随着物体走向沉沦。

——《浮士德》第一部

解说

　　这里糜非斯托夫子自道，揭开了他"否定的精灵"的本质。同时作者也借魔鬼之口，道出了一种宇宙形成的观点，而特别有意思的是这种观点与我国老子《道德经》里的"玄母"之说颇为吻合。

天堂里的序幕[①]

上帝和众天使。

---

① 作于1798年，实为全剧丰富深刻的思想的总纲。表面上袭用了《圣经》中包含的基督教的教义例如创世之说等，以利于读者和观众的接受，实（转下页）

靡非斯托斐勒斯尾随其后。

三位大天使走到台前。

拉斐尔：
太阳和着古老的曲调，
与同宗兄弟竞相歌唱，
为完成它既定的行程，
步伐雷霆般威武雄壮。
阳光照耀令天使振奋，
尽管不明白何以这样；
玄妙崇高的造化之工啊，
不减创世当日的辉煌。①

加百列：
用不可想像的飞快速度，
壮丽的地球在自行旋转；
让光明如同天国的白昼
把可怖的沉沉暗夜替换；
大海掀起一阵阵的狂潮，
高峻的山岩下浪花激溅；
日月星辰永远飞速行进，
牵动着大海牵动着高山。②

（接上页）则充满了歌德自己对宇宙、自然、世界、人类乃至魔鬼的独特看法，充满了辨证的哲学思维。一些假"天主"之口说出的至理名言，如"要奋斗难免迷误差池"；"善良人在追求中纵然迷惘，却终将意识到有一条正途"；"人在努力时太容易松懈，很快会贪恋绝对的安闲；为此我乐意造一个魔鬼，让他刺激人，与人作伴"等，都是开启《浮士德》这部以难解著称的思想宝库的钥匙。

① 此节以古希腊哲学家毕达哥拉斯（公元前582—前507）之说来解释天体的运行，是一曲对自然宇宙的壮丽颂歌。

② 歌颂的对象从天空转到了地球。

米迦勒：
一阵阵风暴争先恐后，
在海陆之间刮来刮去，
围绕自身形成为圆圈，
摧毁一切的狂野暴力。
闪电燃起了破坏之火，
滚滚巨雷在路上驰驱。①
主啊，你的日子多么从容，
我们对此深怀敬意。

三位大天使：
阳光照耀令天使振奋，
尽管不明白何以这样；
玄妙崇高的造化之工啊，
不减创世当日的辉煌。

糜非斯托斐勒斯②：
主啊，多承你又许我靠近，
并且垂询鄙处的种种下情，
再说你平素就乐意看见我，
所以也见我和天使们同行。
请原谅，咱不会夸夸其谈，
即使列位把咱讥笑、看轻；
只要你还没革除笑的习惯，
我一激动准叫你忍俊不禁。

---

① 大自然不总是阳光灿烂，也有风雨雷霆的严酷的一面。
② 糜非斯托斐勒斯（Mephistopheles）简称糜非斯托（mephisto）。这个来源于希伯来文的名字原本含有撒谎者、作恶者、善的否定者和破坏者等意义。诗剧以它称呼魔鬼，赋予了基督教那个以引诱人犯罪为能事的魔鬼撒旦更多意义。

太阳啊宇宙啊我没啥可讲,
我只看见人类实在是可怜。
这尘世的小神老一个样子,①
仍没改创世之日的怪德性。
他也许还活得好一点点儿,
要是你没给他天光的虚影;
他称它理性并且独自享用,
结果只变成畜生中的畜生。
我看他啊,请你千万原谅,
简直就像那长腿儿的蛐蛐,
不住地飞过来啊、蹦过去,
一钻进草里便又哼哼唧唧;
他要总呆在草中倒也罢啦!
偏偏爱用鼻子去翻拱垃圾。

天　主:
难道你没别的可以告诉我?
你来就为没完没了地抱怨?
未必人世你一点看不顺眼?

糜非斯托:
是的,主! 我看仍旧糟得要命。
世人凄惨度日,实在叫咱怜悯,
再折磨这些可怜虫,我于心不忍。

天　主:
你可认识浮士德?

---

① "尘世的小神"指人。视人为神可以讲是欧洲文艺复兴时期以来一个进步的、有代表性的思想,在歌德的作品里多所表现。

二 自然·宇宙

靡非斯托:
那个博士?

天　主:
我的仆人!

靡非斯托:
可不!他为您提供特别服务。
这傻瓜啊好像不进人间烟火。
永远心神不宁,老向往远处,
对自己的傻毛病却多少有数;
从天上,他想摘最美的星星,
在人间,他想登享乐的极顶,
不管远方近处,近处远方,
他都心潮激动,难以平伏。

天　主:
如果眼下他侍奉我还浑浑噩噩,
那我很快会领他进入清明之境。
小树发出青芽,园丁就已知道,
往后有花果装点一个个好年景。

靡非斯托:
赌什么?我要您将这奴仆失掉,
倘若您允许我试一试身手,
我会慢慢儿引他入我魔道!

天　主:
只要他还生活在人世,
我对你不加任何限制。

要奋斗难免迷误差池。

糜非斯托：
那我就多谢了；须知我从来
不喜欢去对付那些个死人。
丰满鲜艳的脸蛋最令我高兴。
侍弄尸体的活儿我不在行,
我有的是猫抓老鼠的本领。

天　主：
好吧,你爱怎么办怎么办!
要是你能将他的灵魂逮住,
不妨引诱他背离他的本源,
领着他同走你的堕落之路,
但是你得认输,如果发现：
善良人在追求中纵然迷惘,
却终将意识到有一条正途。

糜非斯托：
行啊! 不久自有分晓。
我不担心我会输掉。
请允许我欢呼雀跃,
当我终于达到目标。
我要他津津有味吃泥土,
像那著名的蛇——我的婶母。①

天　主：
到那时候你尽可以随便；

---

①　典出《圣经·旧约·创世纪》：变作蛇的魔鬼引诱人类始祖夏娃吃了禁果,天主便罚蛇以腹爬行,终生吃泥土。

对你的同类我从不讨厌。
在所有否定的精灵当中,
这家伙最少给我惹麻烦。
人在努力时太容易松懈,
很快会爱上绝对的清闲;
因此我乐意造一个魔鬼,
让他刺激人,与人作伴。——
而你们真正的神的孩子啊,
享受这生动而丰富的美吧!
永恒的造化生生不息,但愿它
呵护你们,用温柔的爱之藩篱。
世间万象飘飘渺渺,动荡游移,
坚持思考,把它们凝定在心里。

(天界关闭,众天使散去)

靡非斯托(独白):
我乐意时不时来看看这老头,
并且挺小心,生怕和他闹翻。
身为伟大的主,他对魔鬼也
和和气气,这老头硬不简单。

——《浮士德》《天上的序幕》

解说

诗剧《浮士德》的《天上的序幕》作于 1798 年,为全剧丰富深刻内涵的总纲,也可谓歌德哲学思想的集中体现。表面上袭用了《圣经》中包含的基督教的教义例如创世之说等等,以利于读者和观众的接受,实则表达了歌德自己对宇宙、自然、世界、人类乃至魔鬼的独特看法,充满了辨证的哲学思维。一些假"天主"之口说出的至理名言,如"要奋斗难免迷误差池";"善良人在追求中纵然迷惘,却终将意识到有一条正途";"人在努力时太容易松懈,很快会贪恋绝对的安闲;为此我乐意造一个魔鬼,让他刺激人,与人作伴"等,都是开启《浮士德》这部以难解著称的思想宝库的钥匙。

> 上帝创造生气勃勃的自然,
> 原本为让人类生存其间;
> 可你却将它远离,来亲近
> 烟雾、腐臭和死尸骨架。
>
> 走!快!快逃向广阔天地!
> 这部神秘的著作,它出自
> 诺斯特拉达姆斯的手笔,
> 难道它还不足以引导你?
> 一当你得到自然的指点,
> 就会看清星辰的轨迹,
> 顿时获得心灵的力量,
> 把神灵间的对话洞悉。
>
> ……
>
> 宇宙万物交织成一个整体,
> 相互依存,才富有活力!
> 宇宙之力在不断消涨,
> 把黄金的吊桶相互传递![1]
> 鼓动着散发福馨的灵翅,
> 从空而降,渗透大地,
> 有和谐的天籁响彻环宇。

---

[1] 对所谓"黄金的吊桶"有各种理解和诠释,较简单明了的是指其为循一定的轨道运行不息的发光的天体,如人所能见的太阳月亮。

何等壮观哦！唉,也只壮观而已！
无尽的自然啊,我在何处把握你？
丰乳——众生之源,天地之根,
我枯萎的心胸对你们无限渴慕,
可你们在哪里？你们在哪里
涌溢、滋养,却把焦渴的我抛弃？

地　灵：
生命的狂潮,行为的激浪,
我上下沉浮,
我来而复往！
生生又死死,
永恒的海洋,
往返地交织,
火热地生长,
傍着时光飞转的纺车,
我织造神性生命之裳。①

——《浮士德》第一部

重　逢

竟然可能！明星中的明星啊,
我又将你紧抱在胸前！
那远离你的长夜啊,真是
无底的深渊,无尽的苦难！
是的,你甜蜜而又可爱,
是我分享欢乐的伙伴；

---

① 这一节诗为地灵的自况。由此我们也可看出歌德的自然哲学观:生命无所不在,永不枯竭;生命乃时光"织"成,死也是生命的一部分……

想起昔日分离的痛苦,
现实也令我心惊胆战。

当世界还处于最深的深渊,
还偎在上帝的永恒的怀抱,
他便带着崇高的创造之乐,
安排混沌初开的第一个钟点。
他说出了那个字:变——!
于是响起了痛苦的呻吟,
随后便气势磅礴,雷霆万钧,
宇宙闯进了现实的中间。

光明慢慢地扩展开来,
黑暗畏葸地离开它身边,
元素也立刻开始分解,
向着四面八方逃散。
迅速地,在野蛮荒凉的
梦中,各自向广远伸展,
在无垠的空间凝固僵化,
没有渴慕,喑然哑然!

一片荒凉,一派死寂,
上帝第一次感到孤单!
于是他创造了朝霞,
让朝霞怜悯他的寂寞;
它撕开那无边的混浊,
天空呈现出五色斑斓,
那一开始各奔东西的
又聚在一起,相爱相恋。

于是,那相依相属的
便急不可待地相互找寻;
感情和目光一齐转向
那无穷无尽的生命。
攫取也罢,掠夺也罢,
只要能够把握和保持!
阿拉勿需再创造世界,
世界的创造者是我们。

就这样,驾着朝霞的羽翼,
我飞到了你的唇边,
繁星之夜用千重封印
巩固我们的美满良缘。
我俩在世上将成为
同甘苦共患难的典范,
我们不会又一次分离,
纵令上帝第二次说:变——!

解说

　　这首诗把男女之间的爱情,把爱人之间的离合悲欢,放在世界形成和万物产生的大背景和大框架中,从宇宙观的原则高度,来加以考察和阐释。诗中表现了一种近似新柏拉图主义的宇宙形成的观点,即认为光明与黑暗的一分一合两次行动,是世界和万物产生的原因。诗里所谓元素在西方的传统观念中指土、水、气、火。所有这些加在一起,很容易让人想起我国古代用来解释宇宙人生的阴阳五行之说。正像我们用阴代表女性,用阳代表男性,相信阴阳的和谐结合便形成太极,达到幸福圆满一样,歌德的诗中也以光明与黑暗来代表男和女,认为他们本来就是"相依相属的"一体,一当他们"又聚在一起,相爱相恋",就创造了美好的宇宙和世界。因此,诗中说"世界的创造者是我们",是热烈而真诚的相爱的人,而不是上帝或者阿拉伯人的上帝阿拉!

　　真不知道中外古今,还有没有哪一首诗能以如此崇高的思想,如此恢宏的气势,来赞颂男女之间的爱情,来抒写恋人之间的离合悲欢!

赞颂大自然和神

1

倾倒在地的华屋广厦,
穹顶犹在,墙壁已经垮塌;
千年的世事变迁之后,
高门巨柱全不再显得高大。
以后却又有生命萌动,
地上处处见新的种子抽芽;
大自然再次获得成功,
但见废墟藤蔓丛生、垂挂。

2

指引我们来到野外的精灵,
它心地美好而富于人性。
在这树林中,在这田野上,
还有那陡峭的悬崖绝顶,
日出复日落,日落复日出,
都是在赞颂大自然和神。

3

森林里树木挨着树木生长,
就像亲密无间的兄弟,
让我们在林中漫游、畅想,
自由自在,无忧无虑;

是啊,当朋友们手拉着手,
不再是分散的一个个,
而是努力结成美好的整体,
就有欢乐,就有生趣。

4

平明如镜的湖水中间,
橡树的倒影直插蓝天,
给这林中的绿色王国,
钤上威严的皇家印鉴;
它俯视着自己的脚下,
它把水中的天空仰望:
只要能这么享受生命,
孤独无异于最高奖赏。

5

高贵而严肃,半兽半人,①
伏在地上静观、沉思,
精神的钟摆无片刻停顿,
总想着建立伟大功勋。
唉,他真希望能逃避
这种荣耀,这种使命;
要想调教出一位英雄,
对喀戎也是很难的事情。②

解说

  歌德一生热爱自然,早年便深受认为神性无所不在的自然神

---

① 画上可以见到的是希腊神话里的半人半马怪肯陶洛斯。
② 喀戎是肯陶洛斯中的善类,是人类的朋友和神。希腊英雄阿喀琉斯受过他的帮助和教育。

论影响。这首作于晚年的诗也明显地反映出诗人的自然观。

自然自有其路线

"自然自有其路线,我们看来是例外的现象,其实符合规律。"

——艾克曼辑录《歌德谈话录》

认识自然应排除目的论

"人自然会把自己看作造物的目的,把其他所有事物都仅仅看作与自己有关,也即以为它们都是为他服务,为他所用的。人征服了植物界和动物界;由于他把其他造物都当作了食品,便承认造物主为自己的上帝,并赞颂上帝像父亲一般关怀他的仁慈。他从母牛获取牛奶,从蜜蜂获取蜂蜜,从绵羊获取羊毛;由于人给这些东西都附加了一个对他有用的目的,也就相信它们是为此而创造的。是的,他不能想象,哪怕就是最小的小草会不是为他而存在;他即使眼下还未发现它的功用,他仍旧相信将来一定会发现。

"人对整个的大千世界一般这么想,在特定的问题上也抱着同样的想法,因此就免不了把他习惯的观点从生活中移用到科学里,在研究有机体一个个器官的时候,也要问它们的目的和用途。

"这也可以维持一段时间;就算在科学里,他持这种观点也可以有一段时间畅通无阻。但是过不多久他就会碰见一些现象,让他发现用这样狭隘的观点行不通了,他要是没有更高的立足点,就一直会陷入矛盾。

"那些个目的论鼓吹者会说:公牛长角为的是自卫。那我就要问:绵羊为什么没有角呢?就算也有吧,那这角怎么会卷在耳朵旁边,对羊一点用没有呢?

"要我说啊,事情是另一个样子:公牛用角自卫,就因为它有角。

"提出目的这个问题,提出为何这个问题,根本就不科学。相比之下,倒不如问如何来得更有意义。例如我要是问:公牛是如何长出角的? 我于是就会去观察它的生理结构,同时也弄明白,狮子为什么没有角,也不可能有角。

"再如,人的头盖骨有两个未填满的空洞。你问为何不会有多少结果,相反如何则可能认识到,这两个空洞实乃动物头盖骨的遗存;在那些低等动物身上,这两个空洞还要大一些,即使到了高级的人的身上,它们也仍未完全消失。

"功用论鼓吹者相信,要是不信奉给了牛用于自卫的角的上帝,他们就失去了上帝。可是请相信我,我信奉的上帝如此伟大,他创造的大千世界真叫丰富多彩,竟在创造了千万种植物和千万种动物之后,再创造出包容一切的一种:人类。

"让人们将来信奉这个上帝吧,他给了牲畜饲料,给了人饮食,让他尽情享用;我呢,却信奉这样一位上帝,他赋予了世界如此强的生殖力,即使只有百万分之一衍化成了生命吧,世界也会挤满芸芸众生,战争也罢,瘟疫也罢,水灾火灾也罢,全都伤不了世界一根毫毛。这,就是我的上帝!"

——艾克曼《歌德谈话录》

解说

朱光潜先生说:这是理解歌德的世界观和思想方法的一篇极重要的谈话。原始宗教一般都认定世界是由一神或多神创造的,神对所造物各定有一种目的或功用。目的可以是为物自身的,也可以是为人的。这就叫目的论。

西方从亚里士多德到康德,很多哲学家都相信这种目的论。目的论的基础是有神论。歌德是泛神论者,泛神论认为自然本身就是神,神不是世界之外遥控世界的。所以他是一个不彻底的无神论者。

歌德在科学方法上主张排除目的论,不追究事物为什么目的发生,侧重事物的内外因和内在规律。这自然就否定了创世说或"天意安排"说,对辩证思想的发展是很重要的。他所说的综合法也就指此。

动植物生长有同样的规律

"写完了《威廉·迈斯特的漫游时代》,我准备再回过头来弄植物学,和索勒一起继续做翻译。①我只是担心又会漫无边际,最后再次变成不堪忍受的重负。还有许多重大奥秘未曾揭开;有一些我知道了,更多的只有预感。我想对你透露一个秘密,一个令我自己也感到惊异的秘密:

"植物是一节一节地往上长,最后以花和种子为结束。动物界也没有两样。毛虫和线虫同样一节一节地长大,最后才形成一个脑袋。这在高等动物和人类就是脊椎;脊椎同样是一节联着一节,最后以集中所有力量的脑袋结束。

"个体的情况如此,整个种群的成长亦然。例如蜂群,也是一个一个的个体联结起来变成为整体,最后也有一个可视为头的结束,这就是蜂王。真是神秘极了,很难解释怎么会这样;只不过我可以讲,对这些现象我是有自己想法的。

"同样,一个民族也造就出自己的英雄,这些人就像半神似的站在云端,保护并造福自己的人民。例如伏尔泰,法国人的文学创造力就凝聚在了他的身上。这样的民族领袖在其活动的那个时代是伟大的;有一些还能超越时代,大多数却被他人取代从而让后世给遗忘。"

——艾克曼《歌德谈话录》

矿物界和有机界之间没有阶梯式的演进

"这太荒谬啦。在矿物界最简单的东西最美丽,在有机界最美

---

① 在他本人指导下由他的瑞士友人索勒(F. J. Soret, 1795—1865)将其《植物形变论》译成法文。

丽的却最复杂。显而易见嘛,两个领域的倾向完全不同,从一个到另一个根本不存在阶梯式的演进。"

——艾克曼《歌德谈话录》

研究自然的方法

"法国科学院公开吵起来了,在顾维叶和乔弗列之间,爆发了一场对于科学事业再重要不过的争论!①

"这件事重要得无以复加,你想象不出,我在得到七月十九会议的消息时有怎样的感受。现在咱们有了乔弗列这位强有力的、长期的同盟军。同时我还看出,法国科学界对这件事多么关心,因为尽管发生了可怕的政治动乱,七月十九日仍照常开会,而且还座无虚席。然而最精彩的是,由乔弗列引入法国的自然科学研究的综合法,而今已不可逆转。经过在科学院自由讨论,而且是当着广大听众讨论,事情便已经公开,不可能再提交给一些秘密委员会,被关起门来否决掉和压制下去。从今以后,法国的自然科学研究也将是精神统驭物质。人们将能够窥探伟大的造化法则,窥探造物主无比神秘的工场!——如果我们沿袭分析的方法仅仅跟物质的个别部分打交道,对规定各部分物质运动方向、以内在法则约束或钳制任何偏离的精神的嘘息无所感触,那所有与自然打交道的努力根本不会有什么结果!"

——艾克曼《歌德谈话录》

自然现象不一定总与人的感受吻合

"研究自然难就难在你得在规律藏而不露的地方发现规律,不

---

① 顾维叶(G.de Cuvier, 1769—1832)和乔弗列(Geoffroy de Saint-Hilaire, 1772—1840)都是法国著名的解剖学家,二人的分歧在于前者主张自然科学研究使用分析法,后者主张使用综合法。

能让不合乎我们感受的矛盾现象所迷惑。要知道自然界有些现象不符合我们的感受知觉,但却是真实的。例如太阳静止不动,不升也不降,而是地球每天以难以想象的高速度在围着它运转,这跟我们的感受可谓南辕北辙,但却没有一个有知识的人怀疑它是真的。同样,植物界也有一些矛盾现象,因此得格外小心,不然便会误入歧途。"

——艾克曼《歌德谈话录》

自然与艺术

自然与艺术像在相互逃避,
可是想不到却经常地碰面;
我心中对它们也不再反感,
它俩已对我有同样的魅力。

要紧的是付出真诚的努力!
只有我们抓紧有限的光阴,
投身艺术创造,以整个身心,
自然便又炽烧,在我们心里。

我看一切的创造莫不如此:
放荡不羁的精神妄图实现
纯粹的崇高,只能白费气力。
兢兢业业,方能够成就大事;
限制乃大师展身手的条件,
能给我们自由的唯有规律。

解说

眼前这首十四行诗约作于 1800 年。艺术与自然,自由与法则,这看似矛盾的两个方面实际上可以也应该和谐统一,协调一致。歌德的思想从来如此,在诗中他把这一思想作了辩证而又精辟的阐述。

只有自然,才是无穷丰富

"只有自然,才是无穷丰富;只有自然,才能造就大艺术家。对于成法定则,人们尽可以讲许多好话,正如对于市民社会,也可以致这样那样的颂词一般。诚然,一个按法成定则培养的画家,决不至于绘出拙劣乏味的作品,就像一个奉法唯谨的小康市民,决不至于成为一个讨厌的邻居或者大恶棍;但是,另一方面,所有的清规戒律,不管你怎么讲,统统都会破坏我们对自然的真实感受,真实表现!"

——《少年维特的烦恼》

论美与自然以及艺术家与自然的双重关系

"我忍不住要笑那些美学家,他们自讨苦吃,硬想用几个抽象的词儿来定义我们所谓的'美',定义这个无以言表的概念。美是一种本原现象,尽管本身从不现形,却可见地反映在创造精神的千万种表现中,那么形形色色,那么千姿百态,就像自然本身一样。"

"我很清楚,自然常常展现出一种非人所能及的魅力;不过我根本不以为,自然的所有表现形态都是美的。自然的本性固然总是好的,但能让其得到充分显现的相关条件却不尽然。

"例如橡树是可以长得很美的。可是须要多少有利的情况遇合在一起,自然才可能让一株橡树茁壮成长啊。一株橡树要是长在密林中间,四周让一些高大的树包围着,那它势必将一个劲向上生长,去自由地吸取空气和阳光。向周围只会长出少许细弱的枝桠,年深月久,连这些旁枝也会枯萎和断掉。可是当橡树终于长到树梢在上边感到自由的高度,它便会静静地开始向四周伸展,形成一个树冠。然而到这个阶段树龄的中年已过,多年的往上生长已耗去它最旺盛的精力,眼下拼命想往横里长将不会再取得成功。长到最后,立在那里的只是一株主干细瘦的树,高大固然高大,树干和树冠之间却不成比例,这株橡树事实上也就不美啦。

"反之,橡树要是长在潮湿的沼泽地里,土壤极其肥沃,那它只要有适当的空间,又会早早地向周围长出繁密的枝枝桠桠;可是由于缺少抗衡和限制其生长的力量,就长不出疙疤嶙峋、执傲挺拔的树形来,远看像一棵柔弱的菩提树,还是不美,至少没有橡树的美。

"最后,如果橡树长在山坡上,含石质的土壤十分贫瘠,那它会长出太多的疙疤和枝杈,却缺少充分发育生长的能力,会早早地枯萎、凋零,也就永远不能让人面对它发出感慨:这橡树体内蕴藏着一股令人惊讶的力量。"

……

"沙质的或者含沙的土壤,可以让它往四面八方伸展粗壮的根须,看来最宜于橡树生长。然后还要一个有足够空间的生长点,让它能从四面八方受到光线、日照以及雨和风的影响。舒舒服服地避开了风和雨,对它的生长一点没好处;要与风霜雨雪作百年抗争,才能长得挺拔、健壮,我们面对着一棵发育成熟的橡树,不由得会发出惊叹和赞美。"

"从您以上的描述,"我接过话头,"可不可以得出结论,说:一个造物只有达到其自然发育的顶峰,它才是美的?"

"没错儿,只不过先必须说清楚,你怎么理解这自然发育的顶峰。"

"我想说的是生长发育得这样一个阶段,"我回答,"在这个阶段,这种或那种造物所特有的品质已得到了充分完满的展现。"

"你这么讲我毫无异议,特别是如果再补充一下:所谓特性的充分完满展现同时包含这一层意思,即它不同肢体的构造都符合它们的自然定性,也就是说切实有用。

"例如一个已到结婚年龄的姑娘,其自然定性就是生养孩子和哺乳婴儿,骨盆不够宽大、乳房不够丰满就不美。然而过分宽大、丰满也不美,因为超出了有用的范围。

"刚才遇见的有几匹马,我们之所以称它们美,难道不仅仅是因为它们的体型符合赛马的要求么?不只是它们步态的轻快、灵活、优雅,必定还有某些一位优秀的骑师或相马者才能说清楚的其他品质;对此我们旁人只会感到个一般的印象罢了。"

"刚才我们还遇见几匹替布拉邦特的车夫拉货车的马,体格十分健壮,"我问,"这样的一匹辕马我们可不可以也称它美呢?"

"当然,"歌德回答,"为什么不可以?从这样一头牲畜鲜明的个性,暴突的骨骼、筋腱和肌肉,一位画家很可能会比在一匹个性平和、体态优雅的赛马身上,发现更加多姿多彩的美的表现哩。

"问题的关键总在于种要纯,不能遭受人为的戕害。一匹剪短了尾巴和鬃毛的马,一只削平了耳朵的狗,一棵锯掉最强壮的枝干后修剪成了球形的树,尤其是一个从小就受束胸带摧残以致身体变了形的少女,所有这些都为有品位的人士所不屑,仅在俗人的美学教程里能占据一席之地。"

……

"你基本上是对的,这篇作品是挺特别,尽管不能讲,合理的都是美的;但美的总是合理的,或者至少应该是合理的……"

——艾克曼《歌德谈话录》

三　社　会

文明程度最低的地方，民族仇恨最强烈

"从根本上讲，民族仇恨就是个怪东西。——你总发现在文明程度最低的地方,民族仇恨最强烈。可在达到了一定的文明程度以后，它就完全消失了；这时候,人们在一定意义上已经凌驾于民族之上,已经感到邻国人民的幸福和痛苦就是自己的幸福和痛苦。这样的文明程度适合我的天性,并且还在满六十岁以前,就已长期坚持这样一种立场。"

——艾克曼《歌德谈话录》

任何革命都免不了过激

"任何革命都免不了过激,一开始,政治革命通常要的只是消除各式各样的弊端,可是还没等革命者明白过来,他们已经深深陷入流血和恐怖的烂泥坑。今天法国人在进行文学变革也一样,一开始追求的只是更加自由的形式,然而到了眼下已不能就此停步,而是要把迄今的全部内容连同形式一块儿抛弃。人们已开始声称表现思想和行为没有意思,却试图去写形形色色丑恶淫邪的东西。希腊神话美好的内容让魔鬼、巫师和僵尸取代了,古代高贵的英雄不得不让位给骗子和罪犯。如此这般才够味儿!才有效果!——可是等到读者尝过并习惯了这味道浓烈的菜肴,口味便只会变得越来越大,越来越强烈。一位想要产生影响、获得承认的年轻天才,在尚未长大到可以自行其是的时候,就只好迎合流行趣味,是的,甚至不得不努力做到在宣扬恐怖邪恶方面青出于蓝而胜于蓝。可是如此拼命追求外在的效果,任何深入的钻研都会置之度外,也将完全忽视人的内在素质和才能按部就班的认真培养。这可是一个天才可能遭遇的最大祸害呀,即便整个讲来,文学会从眼前的倾向中获得好处。

"我刚才描绘的极端和偏差会渐渐消失,最后留下的将是一大收获,亦即在形式更自由的同时,内容也会更加千变万化,丰富多彩;大千世界,芸芸众生,没有什么再被当作缺少诗意而排斥掉。我把现今这个文学时代比作人发高烧,它本身尽管不好,尽管没谁愿意患,结果却是让人更加健康,却值得高兴。那些真正乌七八糟的东西,眼下往往构成文学作品的全部内容,将来却只会成为有用的陪衬;是啊,今天遭排斥的极纯洁、极高尚的东西,人们不久又会更加热烈地渴望和追求。"

——艾克曼《歌德谈话录》

我相信上帝和自然,相信高贵会战胜邪恶

"在宗教问题上,在科学和政治中,我到处遇见麻烦,就因为我不阳奉阴违,就因为我有勇气说出自己真实的感受。

"我相信上帝和自然,相信高贵会战胜邪恶;但这在那些虔诚

的灵魂看来还不够,我还得相信三位一体。①然而这有悖我心灵的真实感受;而且我也明白,即使如此对我未必会有多大好处。"

——艾克曼《歌德谈话录》

一个人光有天才尚不足以通达世事

"布赫②先生出版了一部新作,题名本身就包含着一个假说。他书里要讲的是我们随处可见,然而却不知怎样来的和从哪里来的那些个花岗岩块。可是布赫先生却成竹在胸,认定这些花岗岩块乃是一种强力从地球内部抛掷出来并摔碎了的,因为他的书名已如此暗示,已具体点出'抛散开来的'花岗岩块,这样一来离抛掷的结论仅一步之遥,等于已把谬误的圈套悬挂在老好的读者头顶上,他们却昏头昏脑。

"必须上了年纪,才能识破这一切;必须有足够的钱,才能付得起经验的代价。我说的每一个警句,都花了我一袋钱;我将自己的五十万私产作为代价,为的是学到现有的知识;我花掉的不只是我父亲的全部家产,还有我的薪俸和我五十多年来为数可观的稿酬。除此而外,一些与我关系密切的公侯显贵还支出了一百五十万,以襄助一些大目标的完成,对它们的实施和成败,我都有份。

"一个人光有天才尚不足以通达世事,还必须地位显赫,有机会观看时代的赌徒出牌,并亲身参与结果将有输有赢的赌博。"

——艾克曼《歌德谈话录》

成员之间相互亲切尊重,就是最令人愉快的团体。

一个团体的成员之间相互亲切尊重,就是最令人愉快的团体。

——《铭语与反思》

---

① 相信圣父、圣子、圣灵三位一体,是基督教的基本教义。
② 布赫(L.von Buch, 1774—1853),德国地质学家和物理学家。

革命成功之前努力就是一切

"革命成功之前努力就是一切,在革命成功之后一切都变成了要求。"

——《铭语与反思》

对自由的限制我看甚至还可取哩

"我压根儿不替法国人担心,他们站在世界历史的高度上,精神绝不可能再被压制。带限制性的法律只会起好作用,何况限制又不涉及任何根本性的东西,而只针对某些个人。不着边际地反对一切,将乏味而无意义。限制却会迫使反对派变得聪明起来,这可太好啦。要是谁绝对正确,那他直率而粗鲁地发表意见尚可原谅。然而一派并非绝对正确,因为只是一派嘛,那么采用法国人历来擅长的婉转方式便更好些。我对自己的佣人直接了当地讲:'汉斯,帮我把靴子脱了!'他想得通。可要是面对一位朋友,我希望他帮我办这件事,我就不能这么直通通地讲出来,而必须以婉转而友善的方式打动他,使他心甘情愿替我效这个劳。强制能振奋精神,归根到底,我已说过了,对自由的限制我看甚至还可取哩。法国民族一直享有聪明机智的美誉,也配继续被视为这样一个民族。咱们德国人却有意见都喜欢直通通地讲出来,在婉转优雅方面还欠火候喽。

"巴黎的那些党派也许会比现在更伟大,如果它们更加自由和自由主义一些,彼此之间更加尊重一些。他们又比英国人有更高的世界历史眼光;英国人的议会只为对立的党派提供角力场,结果它们相互削弱,个别人纵有真知灼见也难成气候,肯宁这位伟大政治家所遭遇的刁难掣肘就是显著的例子。"

——艾克曼《歌德谈话录》

让别人爱讲什么就讲什么吧，
我呢，认为怎么好便怎么干

"可以让自由派人士发言嘛，因为如果他们讲的有道理，别人就乐意听。但是保皇党手握重权，就不宜讲话，而必须行动。他们不妨调遣军队，砍人脑袋，让人上绞架，这都是他们的权利；可要在公开发行的报纸上否定别人的意见，为自己的举措辩护，就又失体统啦。除非读者全都是君主，否则掌权者还是别发议论为好。

"至于我过去的所作所为，我总自认为是一个保皇派。我了解自己事业的全貌，知道自己的目标所在。要是我独自犯了错误，能够重新将其挽回；可错误要是三个人和更多的人一块儿犯的，那改正就不可能了，因为人多不同的意见也多。"

——艾克曼《歌德谈话录》

考虑什么永生？ 那是贵人们尤其是
那些无所事事的贵妇们的事

"梯德格的《乌拉尼亚女神》①我可是受够了，有一段时间，唱的念的净是《乌拉尼亚女神》；不管去到哪儿，桌子上见到的都是《乌拉尼亚女神》；谈话的题目也全是《乌拉尼亚女神》和永生。我呢，当然也不愿失去相信未来继续存在的幸福；是啊，我甚至想附和着洛伦索·美第奇②讲，所有不盼望来世的人，对于此生就已经死了。只不过呢如此不可理喻的事情，远远不能成为日常观察的对象，不能充当绞尽脑汁的思辨题目。再说，谁相信永生，谁偷着乐得啦，他可是没有理由再驰骋幻想，肆意发挥。至于梯德格的《乌拉尼亚

---

① 梯德格(Ch. A.Tiedge)，德国作家，其作品《乌拉尼亚女神》中的乌拉尼娅即希腊神话里的美神阿芙洛狄忒。

② 洛伦索·美第奇(Lorenzo de Medici, 1449—1492)，意大利文艺复兴时期的诗人、政治家，以热心保护和赞助文艺家著称，并留名史册。

女神》嘛,我只想说那些虔诚的信徒就跟贵族一样,也是一个特权阶层。我发现有些蠢女人自以为了不起,了不起的理由就在她们与梯德格一起相信永生来着;她们有的想以极其傲慢的方式在这点上考验我,我没法子只能忍受。可我得罪了她们,因为我说:求之不得呀,如果咱们过完此生还有幸再活一次;只是呢,我恳求恩典我,别让我到了那边再碰见这世上任何一个曾经相信来生的人。否则啊,我才真会苦不堪言!虔诚的人们便会成天围着我转,说:你看,咱们不是对了吗?咱们不早说过吗?应验了是不是?如此一来,到了彼岸也修养获得安宁!

"考虑什么永生?那是贵人们尤其是那些无所事事的贵妇们的事。一个想在今生就有所作为的人,他每天都得努力,都得奋斗,都得工作,就该让来世自己呆在一边儿,在今世奋发有为。再者,那种对今世的幸福没多少指望的人,也适合捉摸永生问题;我愿打赌,善良的梯德格如果认命一点,他的思想也会更好一些。"

——艾克曼《歌德谈话录》

我当然不是那些"革命的"暴民的朋友

"奇怪,真叫奇怪,对于公众舆论人们太容易盲从啦!我不知道自己啥时候对民众犯下过什么样的罪孽,可人家称我不是民众的朋友,而且永远也变不了啦。他们四处抢掠烧杀,打着为公众谋福利的幌子只顾追逐最卑劣的私利。我不是这种人的朋友,正如我也不是路易十五的朋友一样。我憎恨任何的暴力颠覆,因为破坏的和赢得的一样多。我既恨那些这么干的人,也恨那些造成这么干的根源的人。可是,我因此就不是民众的朋友了?任何一个有正义感的人,难道不都跟我想法一样?

"你知道,任何前景光明的改良,都令我欢欣鼓舞。相反,如我已经说过,任何的暴力,任何的冒进,都让我在灵魂深处产生反感,原因是不符合自然规律。"

——艾克曼《歌德谈话录》

我是植物的朋友

"我是植物的朋友,我爱玫瑰花,认为它是咱们德国自然界所能生长的最完美的花卉;可是我也不会因此变得痴傻,竟要求我的花园现在,还在四月末,就开放出玫瑰花来。我已经满意,只要现在能发现头几片绿叶,能看见枝条上的叶片一周一周地多起来。我感到高兴,在五月里能看见了花蕾;我深感幸福,玫瑰花终于在六月盛开,向我充分展示出它的鲜艳,送来了它扑鼻的香味。可要是有谁不能等待时令的到来,那他只好去温室喽。"

——艾克曼《歌德谈话录》

还有人说什么我是公侯的仆从

"还有人说什么我是公侯的仆从,我是君王的奴仆。好像这么讲有什么意义似的!——难道我效力的是一位暴君?是一位独裁者?——难道我服务的是一个只知道搜刮民财来供自己荒淫享乐的统治者?——这样的君主和这样的时代,赞美上帝,早已经成为过去。半个世纪以来,我和大公爵同心同德,我与他一起努力奋斗了整整半个世纪;可是,如果我准备讲,我知道有那么一天公爵不曾考虑做点什么为他的领地造福的事,或者对改善每一个臣民的处境有益的事,那我必定是在撒谎。——身为一个邦国的国君,他为自己谋取到的除了重负和辛劳,还有什么哟!——他的住宅,他的衣着,他比一位殷实市民略微丰盛的餐桌吗?——咱们只须去到我国的一些滨海城市,就会在一位体面的商人家里,发现人家的厨房和酒窖要比他府中的更好。

"今年秋天,我们要庆祝公爵执政五十周年。可我仔细想想,他的所谓执政,除了坚持不懈地为国效力,还有什么啊?完全是为实现伟大的目标效力,为民众谋福利效力!——设若我不得不当一名国君的奴仆,那至少我仍感到欣慰,因为我为他当奴仆的那位国君,他本身也不过是大众利益的一名奴仆。"

——艾克曼《歌德谈话录》

论国家统一和德法文化分布的利弊

"我不担心德国统一不了,我们很好的公路和未来的铁路一定会起作用。不过统一首先要表现为相亲相爱,要在抵御外敌时永远一心一德。既言统一,德意志塔勒就应在整个帝国币值相同;既言统一,我的旅行箱就应该在三十六个邦通行无阻。既言统一,魏玛市民的旅行证件就不该让某个大邻邦的边境官员称为不管用,仿佛是要进入某个外国。在德意志的各邦之间,根本谈不上本国和外国的问题。此外度量衡要统一,商贸要统一,诸如此类,不一而足,我不想也不能全部列举。

"可如果有人以为,德国统一意味着这个很大的帝国可以有唯一一座很大的首都,这样一座首都既有利于一些个伟大的天才的发展,也有利于广大的人民群众,那他就错啦。

"一个国家不妨比作一个活人有许多器官和四肢的身体,这样的话国家的首都就好比心脏,远远近近的器官和肢体都要由它输送生命和健康。可是离心脏太远了,输送去的生命就弱,而且越远越弱。尤为聪敏的法国人,我想是杜邦吧,①他画了一幅法兰西文化地图,以颜色的深浅形象地标示出不同省区或高或低的启蒙程度。于是在远离首都特别是南方的一些省份,有些地区完全变成了黑色,这就象征着那里仍笼罩着黑暗蒙昧。设若美丽的法兰西不只有一个大中心,而是有十个能输送光明和生命的中心,情况还会这样吗?

"除了体现在帝国所有部分的民众都一样有良好的文化教养,德意志的伟大还能体现在何处? 可培育和传播这文化教养的,不正是一个个邦国的国都么?——设若几个世纪以来德国只有维也

---

① 杜邦,法国经济学家和工程师。

纳和柏林两个都城,甚或仅仅有一个,那我真想看看咱们的德国文化会是什么样子,是的,还有遍及全国的,与文化繁荣密不可分的经济繁荣又是什么样子!

"德国拥有分布于帝国全境的二十多所大学,以及同样分布广泛的一百多家公共图书馆,艺术收藏馆和各学科的自然博物馆数量同样不少;因为每一位国君都曾努力把这类美好的东西弄到自己的身边。人文中学和工业技术学校更多不胜数,甚至每一座德意志的村庄都有一所自己的小学。然而在最后这点上,法国的情况又怎样呢?

"再说说德国的剧院吧,数量超过了七十家,其提高民众文化教养的作用绝不可轻视。还有,没任何国家像德国似的民众普遍爱好音乐和声乐并且亲身参与,这也不简单!

"喏,你想象一下德累斯顿、慕尼黑、斯图加特、卡塞尔、布朗瑞克、汉诺威以及类似的一些城市;想象一下这些城市所蕴含的巨大生命力;想象一下它们对邻近省区辐射出的影响,然后你问一问自己,如果它们不是早已成为国君们的住地,上述的一切又会怎样?

"法兰克福、布莱梅、汉堡、吕贝克都又大又繁华,它们对德国繁荣的作用不可估量。可是如果失去了自己的独立自主地位,因并入某个大德意志帝国而沦为了一些小省城,它们还能维持原来的样子吗?——我有理由对此表示怀疑。"

——艾克曼《歌德谈话录》

每个人必须从自己开始,首先谋求自身的幸福……

歌德要我给他讲讲我对圣西门主义者的看法。我答道:

"他们学说的主要方向似乎是主张,人人都要为集体的幸福而工作,并将这个视为自身幸福的

"我想,每个人必须从自己开始,首先谋求自身的幸福,由此最后才可能万无一失地产生集体的幸福。进一步讲,他们的学说在我看来根本不现实,根本没可能办到。它完全违反自然,完全违反

经验,完全不符合几千年来事物发展的进程。只要每个人都恪尽职守,只要每个人在自己职责范围内都兢兢业业,有所作为,那集体的事情自然就办好了。以写作为业的我从来就不曾问:广大群众想要什么?我怎样才有益于集体?我追求的永远只是使自己变得更明智、更优秀,只是提高自己的人格涵养,然后永远只表现我认为善与真的东西。这,我不否认,诚然会在一个大的范围内发生影响和起作用;不过它并非目的,而完全是必然的结果,就像所有自然力的影响都会产生这样的结果。身为作家,如果我以努力满足大众的愿望为目标,那我就必须取悦他们,给他们讲一些好听的故事,就像已故的科策布干过的那样。"①

——艾克曼《歌德谈话录》

诗人作为人和公民是会爱自己的祖国,不过呢……

"我们现代人更适合使用拿破仑的语言:政治就是命运。可千万别学我们的先锋作家说什么:政治就是文学,或者政治是适合诗人的题材什么的……

"诗人想搞政治就必须参加一个党派,如此一来就必然失去作为诗人的自我;它必须对自己的自由精神道再见,对自己不受约束的观察道再见,相反得把褊狭和盲目仇恨的软帽拉下来把耳朵蒙住。

"诗人作为人和公民是会爱自己的祖国,不过呢,他发挥自己诗才,以诗为事业的祖国是善,是高尚和美;这个祖国不限于某个特定的省份,某个特定的国度;他无论在哪儿发现了它,就会将它抓住,并且加以表现。他犹如一只翱翔在广阔大地上空的雄鹰,看见野兔就会箭一般扑下去,根本不管那兔子是在普鲁士,还是在萨

---

① 科策布(August von Kotzebue, 1761—1819),与歌德同时代并一度十分吃香的德国剧作家,上演的作品多达两百多部。

克森。①

"还有,到底什么叫爱祖国?到底什么叫爱国行动?一个诗人终生致力于与有害的偏见作斗争,消除狭隘的观念,开启民众的心智,净化他们的审美趣味,使他们的思维情操变得高尚起来,难道他还能做什么更好的事吗?难道他这样做还不够爱国吗?——对一位诗人提出如此不合实际的、毫无益处的要求,就如同要求军队的一个团长:为了做一名合格的爱国者,他必须卷入政治纷争,而把自己的本职工作放到旁边。可是,一位团长的祖国就是他的那个团;他要成为一个出类拔萃的爱国者,原本无须过问政治,除非直接牵涉到他;与此相反,他只要全心全意地努力带好自己统辖下的那几个营,把他们训练好,管束好,使一切都井井有条,以便一当祖国处于危难之中,他的部下能尽职尽责地完成使命就行了。"

——艾克曼《歌德谈话录》

谁武力强大谁便有权利

靡非斯托:

我们就这样将身手小试,
有东家夸奖已称心如意。
我们出去时只有两艘船,
而今却带二十艘把家还。
要知道我们的丰功伟绩,
只须瞧瞧装载些啥东西。
自由的大海使思想自由,
谁还顾得上去思前想后!
总而言之是先下手为强,
见鱼只管捕,见船只管抢,
先可能只有三条船归你,

---

① 普鲁士和萨克森是德国境内的两个邦国。

可马上会钩上那第四只;
第五只同样也情况紧急,
谁武力强大谁便有权利。
只关心目的,不择手段。
我不懂什么航海不航海:
战争、贸易、杀人越货
三位一体,根本分不开。

——《浮士德》第二部

解说

　　糜非斯托带领船队出海归来的这一段自白,跟第五幕的整个剧情一样,都揭露了资本主义原始积累的残酷无情。

名声与权势

　　"闻名遐迩,位高权重,在生活里本是好事。只不过我靠自己的所有名和位没有得到任何好处,换来的只是对别人的意见保持沉默,否则便会得罪人。这样做的好处是我总知道别人怎么想,别人呢却不知道我怎么想,要不然啊,真就开了一个愚蠢透顶的玩笑。"

——艾克曼《歌德谈话录》

为国效力有不同方式

　　"有人责备您,"我有些冒失地道,"说在那个伟大的时期,①您即使不能拿起武器投入战斗,至少也该发挥一个诗人的作用。"

　　"别扯这个,好朋友！这世界真荒唐,它不知自己到底想要什么;让世人爱怎么讲就怎么讲,爱怎么干就怎么干吧。——我没有

---

① 指拿破仑占领德国,德国各地自发抵抗,开始所谓民族解放战争。

仇恨怎么能拿起武器？我不再年轻怎么能够仇恨？要是二十岁时碰上那样的事件,我肯定不会落在人后;然而出事那会儿,我已年过六旬。

"再说我们为祖国服务也不能所有人全用一种方式,而是人人按照上帝的安排,尽其所能。为此,我半个世纪以来够辛苦的了。我可以讲,我生来该干什么工作,我就夜以继日地干了,一时一刻也未曾偷闲,总是在努力、在研究、在行动,能做几多做几多,能干多好干多好。如果所有人都能对自己下同样的结论,那就万事大吉啦。

"仿佛坐在书斋里就能写战歌！——仿佛我是这样的诗人！——如果夜里走出营房就听见敌人前哨的战马嘶鸣,那我倒真乐意写战歌来着！然而这不是我的生活,这不是我的事业,这是特奥多尔·寇尔纳的生活和事业。他的战歌也完全适合他这个人。可我呢,却不具好斗的性格,好斗的思想,战歌之于我,只会是戴在脸上显得别扭的假面具。

"我写诗从来不无病呻吟。——什么我不曾经历,什么不曾让我忧心如焚,使我烦恼,我也就不会写诗加以表现和抒发。我只有恋爱的时候才写爱情诗。现在我怎么能在不怀仇恨的情况下,写表达仇恨的诗歌呢？——咱们私下讲吧,我不仇视法国人,尽管为了能摆脱他们的统治,我也要感谢上帝。法兰西民族是世界上最文明的民族之一,我本身的大部分教养都归功于它,像我这个只以文明和野蛮为价值标准的人,又怎么能仇恨这样一个民族呢！"

——艾克曼《歌德谈话录》

伟大和智慧总是站在少数一边

"伟大和智慧总是站在少数一边,曾经有一些大臣同时遭到民众和国君的反对,却孤独地实现了自己的伟大抱负。永远别想普及理想。各种激情和情感可以大众化,可理性永远只属于少数的精英。"

——艾克曼《歌德谈话录》

我凭自己的经验认识到……

"我凭自己的经验认识到:一切杰出的人,一切能完成伟大的、看似不可能的事业的人,他们从来总是给世人骂成酒鬼和疯子的。

"甚至在日常生活中也一样,只要谁的言行自由一些,清高一些,超乎一般人的想象,你就会听见人家在他背后叫:'这家伙喝多了!这家伙是个傻瓜!'——真叫人受不了。真可耻,你们这些清醒的人!真可耻,你们这些智者!"

——《少年维特的烦恼》第一编

误解与成见

误解与成见,往往会在世界上铸成比诡诈与恶意更多的过错。至少可以肯定,后两者要罕见一些。

——《少年维特的烦恼》第一编

英国人重实利,蓄奴贩奴,言行不一

"可当我们德国人还在为解决这些哲学问题苦苦折磨自己,富有实用的大智慧的英国人却笑话我们,并且已经赢得了世界。谁都知道他们反对奴隶买卖的宣言;他们向我们说教,宣称其所作所为是以人道的准则作基础,可现在却暴露出来,他们真正的动机是现实利益的追求,众所周知,非如此英国人永远不会采取行动;这一点我们应该了解。在非洲西海岸,他们自己的大庄园里就使用黑奴,从那里输出黑奴违反他们的利益。在美洲,他们自己建立了广大的黑人殖民地;那里生产力旺盛,每年贩卖黑奴的收益可观。他们以此满足北美洲的需求;他们以这种办法做着极端有利可图的买卖,再从外边贩运黑奴进来便有损他们的商业利益,所以并非无的放矢地主张反对非人道的奴隶交易。在维也纳会议上,英国使节仍旧是大声疾呼;可葡萄牙使节够聪明了,便不动声色地回答说,他不知道大家在此聚会是要颁布一项国际法呢,还是制定一些道德准则。他对英国人的意图了解得很清楚;他同样有自己的目的,并知道如何为其辩解,并努力争取达到目的。"

——艾克曼《歌德谈话录》

在这个世界上离我的心最近的是孩子们

"在这个世界上离我的心最近的是孩子们。每当我从旁观察他们,从细小的事情中发现他们有朝一日所需要的种种品德与才能的萌芽,从他们今日的固执任性中看出将来的坚毅与刚强,从今日的顽皮放肆中看出将来的幽默乐观以及轻松愉快地应付人世危难的本领,每当我发现这一切还丝毫未经败坏,完整无损,我便一次一次地,反反复复地,吟味人类的导师①这句金言。'可叹呀,你们要是不能变成小孩子的样子!'然而他们,好朋友,这些我们的同类,这些本应被我们视为楷模的人,我们对待他们却像奴隶,竟不允许他们有自己的意志! ——我们难道没有自己的意志吗?我们凭什么该享受这个特权呢? ——因为我年长一些,懂事一些! ——你天国中的仁慈上帝呵,你可是把人类仅仅分成年长的孩子和年幼的孩子的;至于你更喜欢哪一类孩子,你的圣子可已早有宣示呀。然而人们尽管信奉他,却并不听他话——这也是个老问题! ——因而都在照着自己的模样教育自己的孩子……"

——《少年维特的烦恼》第一编

只有手里握着刀,统率着一支大军,方能够发号施令

"我要给你揭开一个政治秘密,这个秘密迟早会自行显露。卡

---

① 指耶稣。事见《圣经·新约·马太福音》第十八章:耶稣对门徒们说:"你们若不回转,变成小孩子的样子,断不得进天国。"

波蒂斯特里亚①在希腊政府首脑的宝座上呆不长,他缺少坐这样的位子所必需的品质:他不是一个战士。我们尚无先例,就是一个内阁普通成员能够组织革命政权,并让军队和将军们对自己服服帖帖。只有手里握着刀,统率着一支大军,方能够发号施令,颁布法律,才有把握叫人对你唯命是从;而没有这两者事情就糟糕喽。拿破仑如果不是个战士,就永远爬不到权力的顶峰;同样的道理,卡波蒂斯特里亚已做不了多久的第一把手,很快就会开始出演次要角色。这我预先告诉你,你呢很快就会看见;事情的本质决定了一定是这样,不可能变成另一个样子。"

——艾克曼《歌德谈话录》

---

① 卡波蒂斯特里亚(L.Kapodistrias, 1776—1831),希腊政治家,1827年当选希腊共和国临时总统,1831年遭暗杀。

四　宗　教

基督教本身是一个威力巨大的存在

"基督教本身是一个威力巨大的存在,沉沦的、受苦受难的人类曾经时不时地靠着它重新振作起来;只要基督教的这个作用得到承认,它就已驾凌一切哲学之上,用不着要哲学的支撑。同样,哲学家想证明某些学说,例如证明存在的永恒,也不必倚仗教会的威望。让人相信灵魂不朽好啦,他有这个权利,这也符合他的天性;他可以把自己的信仰建立在教会的承诺上。然而如果哲学家也从传说中获取灵魂不朽的证明,那就太软弱无力和没什么意义啦。对我而言,我们对存在永恒的信念来自行动这一概念;因为我如果不停息地劳作直至终生,即使我现在的存在形式不能继续支撑我的精神了,大自然也有义务给予我另一种存在形式。"

——艾克曼《歌德谈话录》

教会的肠胃真十分强大

糜非斯托：
想想吧,送给格莉琴的首饰,
竟然让一个神父给弄走！——
她母亲发现了你的礼物,
心里面立刻便感到发怵：
这娘儿们嗅觉十分敏锐,
呼吸惯了祈祷书的气味,
屋里的家什,她全要嗅一嗅,
怕有不洁之物,味道不对头。
她心里明白,那些首饰
不会带来幸福而是祸事。
不义之财啊,孩子,她叫道,
将把灵魂束缚,把血液消耗。
我们把它献给圣母玛利亚,
却会得到上天赏赐的曼那！①
小玛格莉特撇撇嘴,心想,
对别人送的礼有啥好挑剔,
可不是么！人家如此慷慨,
哪儿能坏心肠,不信上帝？
母亲立即请来一位神父,
神父还没听完这件奇事,
已急不可待,欲饱眼福。
他道：这考虑确实挺好！
要想占有,必须能镇住。
教会的肠胃真十分强大,

---

① 摩西带领以色列人出埃及时所得到的天赐的食物。

能整吞下一个个的国家,
从来没啥时候叫吃不消;
所以只有教会,信女们啊,
能把这不义之财消化掉。

浮士德:
这就叫天下乌鸦一般黑,
犹太佬和国王同样贪财。

糜非斯托:
镯子、项链、戒指通通收去,
好像只是些破烂玩艺儿,
表示感谢也叫勉勉强强,
跟拿了一篮核桃差不离,
答应给她们上天的报赏——
母女俩因此放心又满意。

——《浮士德》第一部

解说

这一场借魔鬼之口揭露教会,反映歌德人文主义的宗教观。

教会的影响无所不在

"要想获得民众的爱戴,一位伟大的统治者用不着玩其他任何的手腕,单凭自身的伟大就成了。他要是努力追求并切实付诸行动,使自己的国家在内部幸福安宁,在外部受到了别国的尊重,那就不管他是胸前戴满勋章乘坐的御辇也好,还是身上裹着熊皮、嘴里含着雪茄坐的蹩脚马车也好,反正一个样,他一旦赢得了民众的爱戴,就会永远享有民众的敬重。反之,一位国君要是缺少人格的伟大,不会通过一些好的举措去赢得自己人民的爱戴,那他就只能想出一些别的笼络人心的办法,而最好和最有效的办法就是宗教信仰,就是跟民众保持和奉行同样的礼仪习俗。每个礼拜天都到教堂露露面,俯视一下济济一堂的教友们,让众人有机会瞻仰瞻仰自己的风采,这便是值得向每一位年轻的君主进谏的最灵验的办法,再伟大的君主都可以用此法赢取爱戴,笼络人心,甚至连拿破仑也未能免俗喽。

"我的《维特》很快在米兰出版了意大利文译本,谁知印了那么多,没过多久便一本看不见啦。原来有位主教大人在背后捣鬼,下令各个教区的教士把所有的书买了个一干二净。我并不因此恼火,相反倒为这位聪明的主教感到高兴,他马上就认定《维特》对于天主教徒是本坏书;而且我还不能不称赞他:他当即采取果断措施,不声不响地来了个斩草除根。"

——艾克曼《歌德谈话录》

教会贪得无厌

大主教:
在这个时候我的心情异常沉痛,
发现神圣的陛下竟与撒旦结盟!
表面上看来您的宝座很是稳固,
可遗憾啊已把尊主和教皇亵渎!
圣座一得知定将迅速给予惩处,
用神圣之光毁灭您罪恶的国度。
对您加冕那天的事他耿耿于怀,
从火刑堆救下那巫师实在不该。
皇冠上射出的第一道仁爱之光
竟危害教会,落到罪人的头上。
为赎罪,您得捶胸顿足进行忏悔,
把不义之财立刻还一些给教会:
您曾扎营下寨的那片广阔丘陵,

恶灵们纠集起来充您保驾之臣,
您竟然对那江湖骗子言听计从,
要悔改啊,把那土地给教廷使用,
连同那延伸开去的深山和密林,
连同高原牧场,那上面绿草如茵,
还有湖泊鱼多水碧,还有那无数
蜿蜒的溪流,急泻进深深的幽谷,
还有谷地、凹地连同草场、平野;
只有这样地忏悔,才能得到恩赦。

皇　帝:
对自己的深重罪孽我大为震惊,
献给教廷的土地请您随意划定。

大主教:
首先!那片作孽的土地已被亵渎,
要马上宣布奉献给至上的天主。
迅速地在周围筑起高高的墙垣,
让清晨的阳光很快照耀着圣坛,
把正在扩建的侧堂变成十字形,
正殿也要延长,令信徒们更高兴;
第一声钟声响彻山谷,发出召唤,
教友便诚心诚意涌进大门里面,
钟声回荡在那高耸入云的塔顶,
忏悔者纷纷到来,为求得新生。
隆重的落成典礼——愿早日到来!
如果有陛下莅临,将会无比光彩。

皇　帝:
愿伟大壮举能表现我虔诚心迹,

既赞美主耶稣,也洗雪我自己。
行啦! 我感觉受到了振奋激励。

大主教:
作为宰相,我来收场并办手续。

皇　帝:
拟好给教会的财产移交公文,
呈上来,我乐意用御笔签名。

大主教(告退,到了门口又回过头来):
再有,请还在教堂创建的时日,
将它什一税、地租和贡赋免去,
永远免去。认真维护开销巨大,
精心管理一样也要许多的钱花。
想在荒凉的山坡加快建设进度,
您得慷慨解囊,分出一些赃物。
除此之外还有一点我不能不讲,
木料、石灰、片石得取自远方。
布道圣坛会动员民众长途运输,
对来服役的人教会将施予祝福。
(下。)

皇　帝:
我身负的罪孽深重而又巨大,
可恶的巫师们真把我害惨啦。

大主教(又踅回来,深深一鞠躬):
请陛下原谅! 那家伙臭名昭著,
却获赐帝国海滩,他必遭惩处。

>你得把那里的捐税、地租、贡赋
>通通献给崇高教会,以示悔悟。

皇　帝(不耐烦):
那封地还不存在,还是一片大海。

大主教:
谁有权利和耐心,时机总会到来。
愿陛下之言对我们永远管用生效!

皇　帝(独自):
长此以往我怕会把整个帝国送掉。

——《浮士德》第二部

解说

　　大主教跟皇帝的对白,描绘两者瓜分战争赃物的情景,揭露教会的贪得无厌。

教会助纣为虐,假仁假义

　　"布里斯托勋爵途径耶那,希望认识我,便邀我在一个晚上去看望他。他这人有个脾气,就是偶尔会表现粗暴。不过只要你同样粗暴地回敬他,他又会变得十分驯顺起来。在谈话过程中,他意欲对我的《维特》说教一番,并以有人遭其误导而自杀为理由,要我做良心的自责。他讲:

　　"'《维特》是一本极不道德的、该遭天谴的书!'

　　"'住口!'我高声反问,'您竟这样讲我可怜的《维特》,那您对这尘世间的那些个大人物,又怎么讲呢! 他们大笔一挥就把十万之众送上战场,经过相互残杀死掉八万,并且竞相烧杀抢掠。目睹了这些暴行您反倒感谢上帝,并为其大唱赞美诗! 还有呐,您用地狱的可怕惩罚吓唬您教区的弱小灵魂,害得他们失去了理智,临了儿在疯人院里度过可怜的余生!要不您又以某些在理性面前站不住脚的正统教义,在您教民的心中播下有害的怀疑种子,使这些不够坚强的灵魂堕入迷津再也出不来,最后唯有死亡!您对您自己该怎么讲?您该怎样谴责您自己?——现在您竟追究起一个作家的责任来,竟诅咒一部让某些心胸狭隘的人曲解了的小说,一部充其量不过使这个世界少掉了十来个傻瓜和窝囊废的小说,而这些人啥有益的事也干不了,仅仅还会吹灭自己那点儿生命之火的微弱残焰罢啦!我想我原本为人类做了大贡献,理应得到它的感谢哩;现在您却想把我这点儿战功变成罪行,另一方面您又容许你们自己,容许你们教会和世俗的王公长老们,犯那么大和那么严重的罪行!'

"这一反击对我的主教产生了极好的效果。他变得温顺如一只绵羊,在随后的交谈中对我表现得再彬彬有礼不过,再温文尔雅不过……"

——艾克曼《歌德谈话录》

教士贪得无厌

玛尔特的花园

(玛格莉特和浮士德)

玛格莉特:
答应我,亨利!

浮士德:
什么都行啊!

玛格莉特:
告诉我,你怎么看待宗教?
你是个心地很善良的人,
可我想你对它看法不好。

浮士德：
别谈这个，宝贝儿！你知道我对你好；
为了爱人我可以流血牺牲，
也不想破坏谁的感情和宗教。

玛格莉特：
这还不行，自己还必须有信仰！

浮士德：
必须？

玛格莉特：
唉！我真希望能说服你！
你竟然不屑于参加圣礼。

浮士德：
我对它们心存敬意。

玛格莉特：
可不存在渴望。
你久已未去赶弥撒，办告解。
你到底信不信上帝？

浮士德：
我亲爱的，谁又敢讲：
"我信仰上帝"？
不妨去问教士或圣贤，
他们的回答呀，看来
只会是对问者的揶揄。

玛格莉特：
这么说你是不信喽？

浮士德：
别误解我,可爱的人!
对他谁敢直呼其名?
谁能自以为：
我对他虔信?
谁能有所感悟,
并且敢于说出：
我就是不信神?
这包容万物者,
这维系万物者,
他不是包容维系着
你、我和他自身?
头顶,天不是浑然穹窿?
脚下,地不是平稳凝定?
不是有永恒的星辰升起,
慈蔼地将人间照临?
我不是凝视着你的眼?
万物不都在涌向
你的头,你的心?
不都永远神秘地,
有形无形地活动在你左近?
让它们充满你的整个心胸,
当你完全陶醉于这种感受,
你就可以随心所欲地
称之为幸福!心!爱!神!
对他我却无以名之!
感情就是一切;

名称不过是声响,
是环绕日光的云影。

玛格莉特:
道理嘛都说得十分美妙;
和神父讲的也不差多少,
只是言词不一样罢了。

——《浮士德》第一部

解说

浮士德的这一段表白,充分显示了他和作者歌德本人的泛神论即无神论的世界观。玛格莉特误以为它近似神父的说教,两者实际上有本质的差别。

未经污染的上帝的启示之光太纯净、太明亮

"看《圣经》的有关问题,存在两种观点。一种是原始宗教的观点,也就是纯粹自然和理性的观点,出自上帝的观点。它永远保持原来的样子,将一直延续和有效,只要什么时候还有上帝的造物存在。不过呢,这种观点只适合于少数'选民',[①]它太高尚、太尊贵,不可能普及。然后就有了教会的观点,更符合人本性的观点。这种观点是脆弱的,易于变化而且也确实处于变化中的;只是在不断的变化当中依然会延续下去,只要什么时候还存在软弱的人类。未经污染的上帝的启示之光太纯净、太明亮啦,不适合可怜的、极端软弱的人们,非他们所能承受。教会于是充作好心的中间人介入进来,起缓解和调和的作用,以便所有人都得到救助,以便许多人都感觉幸福。于是对基督教教会便有了这样的信仰,即相信它

---

① 这儿的所谓选民是基督教新教的一个名称,指事先被上帝挑选出来予以特殊照顾的善人。

作为基督的后继者,可以解除世人深重的罪孽,而通过这一信仰,教会就拥有了巨大的权威。基督教教士们的主要注意力呢,便也放在了保持自身的这一权威和声望,维持教会的大厦巍然不动上面。

"因此,教会很少过问《圣经》里的这篇那篇是否对开启人的心智大有帮助,是否对提高人的德行、纯洁人的天性有所裨益,反过来,倒是在'摩西五经'中大讲人类祖先犯罪堕落,因而须要诞生一位救世主的故事;①接着又在'先知书'里一再暗示所期待的救世主即将出现,最后在'福音书'中让我们看到他真的降临人世,并为补赎我们人类的罪孽而被钉死在了十字架上。你瞧,遵循这样的目的和方向,以这样的标准进行衡量,高尚的多比也好,所罗门的智慧和西拉克的箴言也好,都不会有多少意义啦。

"再者,《圣经》这部书中的真与伪问题,就更奇怪了。什么叫做真,难道不是那些与纯粹的自然和理性和谐一致,今天仍有益于人类最高发展的优秀品性吗!什么是伪,无外乎不能结出果实的,至少是结不出好果实的荒谬、空虚和愚蠢!如果以向我们传播的内容是否绝对真实做标准来判断真伪,那么,我们甚至对《福音书》一些地方的真实性也有怀疑,因为其中马可和路加所纪都不是亲身见闻和经历,而是事后根据口头传说补写上的,而最后的'约翰三书'也是约翰到了晚年才写他年轻时的事情。尽管如此,'四福音书'在我看来还全都绝对真实,因为其中强烈地反映着基督崇高的人格;它那样地神圣,尘世间可谓绝无仅有。如果有人问我,崇拜敬畏基督符不符合我的天性,我会回答:绝对符合!——我要对他顶礼膜拜,因为我视他为最高道德准则的神圣启示。——如果有人问我,崇拜太阳符不符合我的天性,我会同样回答:绝对符合!因为太阳是最高存在的启示,也即为我们尘世中人有幸见到的最强有力的存在。我崇拜它,因为它包含着神赐的光明和生殖力;全

---

① 《摩西五经》指《圣经·旧约》开头的五篇,即《创世纪》《出埃及记》《利未记》《民数记》和《申命记》。

靠着这些,我们人类还有和我们一起的动物植物,才得以生存和繁衍。可是有人问我,我是不是愿意向使徒彼得或保罗的一根拇指骨头鞠躬,我却会回答:饶了我吧,千万别用你们这些荒诞不经的玩艺儿来烦我!

"'切莫熄灭精神!'那位使徒说。

"在教会的规章中有太多荒谬的东西。可它仍然想维持统治,于是就必须有一些昏庸的群众对它俯首贴耳,任随它统治。高高在上的、富得流油的教士们什么都不怕,怕的就是下层民众的启蒙,所以也一直尽量不让民众接触《圣经》。因为一个穷教徒如果在《福音书》里看见基督是么贫困艰辛,只能领着他的那些门徒谦卑地徒步而行,相反身居高位的主教们显赫、富有如同王侯,出行总是乘坐六匹马拉着飞跑的豪华轿车,真不知心里会作何感想喽!

"我们压根儿不清楚,总而言之,我们一切都得感谢马丁·路德和他发动的宗教改革。[①]我们摆脱了愚昧的锁链,由于文化的不断发展而获得了追本溯源、把握纯净的基督教义的能力。我们重新有了勇气立足于神的坚实大地,并且体验我们由神赐予的真实人性。任随精神文明不断地提高好了,任随自然科学在更大的广度和深度上继续发展好了,还有人的心智也无论怎样扩展——一切反正都超越不了基督教义闪烁在《福音书》中的崇高道德之光!

"不过我们新教徒在纯洁道德的路上前进越迅速,天主教徒们跟得也会越快。时代的伟大启蒙影响日益扩大,一当他们也有所体验,便必定会跟上来,愿也罢,不愿也罢;如此一来,最终所有教派都将合而为一。

"还有新教内部讨厌的派别之争也会停止,随之而来的是父子

---

① 马丁·路德(Martin Luther, 1483—1548),德国神学家,1517 以反对教会卖"赎罪符"敛财发动了宗教改革,1521 年在逃避迫害避居瓦特堡时将《圣经·新约》从拉丁文翻译成了德语,不但打破了教会对阅读和诠释《圣经》的垄断,还促进了德语的统一,影响至为深远。

之间、兄妹之间也不再相互仇恨和敌视。因为一旦大家理解了基督原本为博爱的纯正教义并将其化为血肉,就会感到自己生而为人的伟大和自由,对这派或那派外在仪式细枝末节的差异也不会特别在乎了。

"还有我们全体都会渐渐从信奉一种言语和信仰的基督教,转而信奉思想和行为的基督教。"

话题转到了在基督之前,在中国人、印度人、波斯人和希腊人中间曾生活过一些伟大人物;在他们身上,跟在《旧约》中讲到的一些伟大犹太人身上一样,也体现了神的力量。还探讨了这样一个问题,就是在我生活的现代世界,神的作用又如何影响伟大的天才人物。

"如果听听人们谈话,你几乎会相信,从古代起神就已归于寂灭;人呢,似乎现在完全自立了,必须考虑在没有神和神每日呵护的情况下如何继续活下去。在信仰和道德问题上,大家还承认神的影响;可在科学和艺术方面,就相信一切纯属尘世的事情,没有任何别的,纯粹是人的能力的产物罢了。

"可是请试试仅凭人的意愿和能力也创造出一点什么来,并且把它摆在那些冠以莫扎特、拉斐尔或者莎士比亚之名的作品边上比一比!我知道得很清楚,这三位高贵的人物绝非空前绝后;在所有艺术领域,都曾有大量杰出的天才进行创造,并也创作出了完全可以与上述三人媲美的杰作。然而,如果他们与这三人一样伟大,那么他们也就同样地超凡脱俗,同样地是受到了神的眷顾。

"总而言之,事情原本是怎样,应该是怎样呢?——事实是,在那尽人皆知的、幻想的六天创造之后,上帝根本没有去休息,而是继续在努力工作,像第一天一样。用简单的元素拼凑出这个粗笨的世界,使它年复一年地在阳光中转动,肯定已让他不感到有多少乐趣,因此他又计划在这些物质基础上建个苗圃,好培育出一批人类精英。就这样,他继续在比较杰出的人物身上下功夫,以其作为平庸之辈的表率。"

——艾克曼《歌德谈话录》

宗教与艺术的关系

"宗教与艺术的关系,跟其他任何较高的生活情趣与艺术的关系没有两样。它只能被看作素材,跟其他所有生活素材的权利相同。再说信仰与不信仰绝对不是理解艺术作品的器官,与其相关的是人完全不同的另外一些力量和本领。可是艺术呢,只诉诸我们用来把握理解它的那些器官;不如此它就达不到目的,就丧失了应有的作用,就会与我们擦身而过。一个宗教题材,自然同样可以成为很好的艺术表现对象,只不过有个条件,就是它必须反映普遍的人性。正因此,怀抱耶稣的圣母就是个绝佳的题材,它不但得到千百次的表现,而且永远为人喜闻乐见,百看不厌。"

——艾克曼《歌德谈话录》

五　哲　学

常识比哲学可靠

"我在继续读舒巴特,①他的确是个了不起的人;他甚至讲了些非常高明的话,条件是你能够把它翻译成自己能懂的语言。这本书的主旨归根结底就是:在哲学之外还存在一种立场,亦即健康的理智的立场;在独立于哲学的条件下,艺术和科学总是能借助各种自然的、人力的影响而欣欣向荣。这对我们真是正中下怀。我本

---

① 舒巴特(K.E.Schubarth, 1796—1861),德国哲学家兼文艺评论家。歌德读的是他的《泛论哲学,并特论黑格尔的哲学全书》。

人对哲学历来敬而远之,所谓健康的理智的立场也就是我的立场;也就是说,我本人毕生的言和行都在舒巴特这里得到了肯定。

"对他我唯一不能完全赞成的,是他对某些事物的了解比他讲出来的更加清楚,也就是说他并非总是真心实意地致力于工作。像黑格尔一样,他也把原本毫不相干的基督教扯到了哲学里。基督教本身是一个威力巨大的存在,沉沦的、受苦受难的人类曾经时不时地靠着它重新振作起来;只要基督教的这个作用得到承认,它就已驾凌一切哲学之上,用不着要哲学的支撑。同样,哲学家想证明某些学说,例如证明存在的永恒,也不必倚仗教会的威望。让人相信灵魂不朽好啦,他有这个权利,这也符合他的天性;他可以把自己的信仰建立在教会的承诺上。然而如果哲学家也从传说中获取灵魂不朽的证明,那就太软弱无力和没什么意义啦。对我而言,我们对存在永恒的信念来自行动这一概念;因为我如果不停息地劳作直至终生,即使我现在的存在形式不能继续支撑我的精神了,大自然也有义务给予我另一种存在形式。"

——艾克曼《歌德谈话录》

印度哲学与德国哲学

"整个孩提时代,我们都是感官主义者;等到恋爱了,我们便把恋爱对象原本没有的品质加到人家身上,于是变成了理想主义者;随后爱情发生动摇,我们怀疑对方的忠诚,于是又莫明其妙地变成了怀疑论者。余生已无足轻重,于是得过且过,我们最终转向了清静无为,就跟印度的哲人们一个样。

"咱们德国哲学还有两件大事要做。康德已经写成《纯粹理性批判》,建树大而且多,可是圆圈尚未画完整。现在必须有一位能人,有一位伟人,来写一部《感性和人的知解力批判》。此事要是很快取得成功,那我们德国哲学就没有多少遗憾了。"

——艾克曼《歌德谈话录》

论辩证法

随后话题转到了辩证法的本质。黑格尔说:

"归根到底,它不过是一种原本人人都有的矛盾意识,辩证法只是使其规律化并变成为方法论罢了;它的巨大作用在于分辨真伪。"

"只希望这一思辨的艺术和技巧别经常遭滥用,"歌德插进来说,"要那样将是非混淆,黑白颠倒!"

"确实有这样的事,"黑格尔回答,"但只发生在那些精神有毛病的人。"

"如此说我就要称赞自己对自然科学的研究啦,"歌德应道,"因为它能防止这种疾病!须知在科学研究中,我们始终是与无限的、永恒的真理打交道;任何一个在观察和处理其研究对象时不绝对诚实、纯洁的人,立刻会被真理判为不合格而抛弃。我还相信某些有辩证癖好的人,没准儿会通过研究自然获得有效的治疗。"

——艾克曼《歌德谈话录》

"众母"的哲学意蕴

(阴暗的走廊)

糜非斯托:
干吗拖我来这阴暗的走廊?
那里边不是挺快活挺欢畅,
混在穿红着绿的宫人队里,
不有的是机会逗乐、撒谎?

浮士德:
别对我讲你过去如何如何,

说什么为我已把脚掌磨破;
可是如今你这么奔来跑去,
只为的是不向我兑现承诺。
现在来受大臣和内侍驱遣,
倒成了我不堪忍受的折磨。
突然间皇帝陛下心血来潮,
要我使海伦、帕里斯复活;
让他目睹这美男子的典型,
让他亲眼见着绝色的娇娥。
赶快呀!我可是答应了就得做。

靡非斯托:
你真叫胡来,竟轻率许诺!

浮士德:
伙计啊,是你自己考虑不周,
没充分估价你那把戏的后果;
既然咱们已经使他富裕起来,
就不能不给他声色犬马之乐。

靡非斯托:
你想入非非,以为说到做到,
哪晓得面前的坡坎又陡又高;
你已插手最不该插手的地方,
结果会背上新债,糟上加糟!
你以为海伦那么容易招来么,
就像这些个充金币的纸钞票?——
要收拾男魔女巫,魑魅魍魉,
大脖子侏儒,我立刻便遵命;
然而魔鬼的情妇即使很妖娆,

仍没法冒充古代的绝色美人。①

浮士德:
听听,这不是又在重弹老调!
跟你交往我常不知如何是好。
一切障碍都出自你的头脑中,
随便施个手段又得另加酬劳。
要办成我知道只须念念有词,
一眨眼,你就能把他俩带到。

靡非斯托:
那异教民族与我毫无关系,
他们都栖息在自己的地狱;
不过呢办法倒也还是有的。

浮士德:
快说,别拖延迟疑!

靡非斯托:
泄露天机我真叫不情愿。
女神们端坐在岑寂中间,
周围既无时间也无空间;
要我谈论她们实在为难。
他们就是"众母"!②

---

① 对属于中世纪基督教信仰范畴的魔鬼靡非斯托来说,古代希腊传说中的人物海伦和帕里斯死后自然也栖身于异教的冥间,是他的魔力所达不到的地方。浮士德执意去寻找他们,在他看来难上加难,只会自讨苦吃,"背上新债"。

② "众母"(Muetter,德语母亲 Mutter 一词的复数),可否理解为化育宇宙万物的母性、"阴"或者《道德经》中的"玄母"? 1830 年 10 月 1 日,歌德对艾克曼说:"关于'她们就是众母!'我只能向你透露一点:我曾在普鲁塔克那里(**转下页**)

浮士德（惊诧）：
众母！

靡非斯托：
吓坏你了吧？

浮士德：
众母！众母！——听起来好怪！

靡非斯托：
确实怪。这些女神非你们凡人
能了解，也讨厌我们呼喊她们。
她们栖居在深深的地表的底下，
去挖吧，都是你自己找的事情。

浮士德：
走哪条路？

靡非斯托：
全没有路！入无人涉足之途，
不可涉足；临人所不求之境，
不可乞求。你准备去么？——
没锁须开启，没闩须拔掉，
寂寥将会把你团团围困。
荒凉寂寞的含义你可知晓？

（接上页）发现，古希腊人是把母亲当做女神看待的。来自传说的仅此而已，其余皆为我自己的创造。"这里的"在普鲁塔克那里"，实指歌德曾读过的《马尔凯路斯传》。在这本书中，普鲁塔克写到了古代西西里人对"母亲女神"的崇拜。

浮士德：
我想你还是少念这种咒语为好；
它们让我嗅到了巫厨的气息，
让我闻到了往古时代的味道。
我难道不曾被迫与世人周旋？
不曾把玄虚的学问学并且教？
我理智地说出自己的观点，
反对者倒加倍提高了声调；
我厌恶世人种种可耻行径，
于是逃进寂寞，遁入荒郊，
却又不愿孤独地虚度此生，
到头来只得和魔鬼打交道。

糜非斯托：
就算是你曾经横游大洋，
见过那茫茫无际的景象，
眼看海涛一浪一浪涌来，
感受过没顶的恐怖惊惶。
然而你到底还见到些什么，
见到碧波之间有海豚穿梭；
见到云、月、日、星当空掠过——
可是在那永远空虚的深处，
你连自己的足音也听不见，
你根本没有实地可以立足。

浮士德：
你说起话来像密教大宗师，
一味地想诓骗新收的弟子；
只不过反其道：送我入虚无，①

---

① "反其道"指尽管都力图诓骗新收的弟子，却不像密教大宗师那样许诺一切，而是否定一切。

让我在那儿提高技艺和法力;
你待我就像那只小猫崽,①
你指望我为你火中取栗。
只管来吧!让咱们穷根就底,
我要发现万有,在你那虚无里!②

靡非斯托:
你离开我之前,我要称赞你;
我发现,你了解魔鬼的意义。③
这儿钥匙,拿去吧!

浮士德:
就这小玩艺儿!

靡非斯托:
先接着,对它可不能小觑。

浮士德:
它在我手里长大!亮似闪电!

靡非斯托:
你该已看出,它多了不起?
这钥匙将为你探找出捷径,
紧跟它,它领你找众母去。

---

① "那只小猫崽""火中取栗"的故事出自《伊索寓言》。
② "在虚无中寻找万有","有生于无"——又一个与中国古典哲学命题的绝妙"巧合"。
③ 指浮士德对于"无"的理解,因为魔鬼自视为否定的精灵,为"无"。

浮士德：
众母！我每次听着都心里发怵！
这我害怕听的究竟是个啥词儿？

糜非斯托：
你好保守,听见新词就不舒服？
难道你只想听已听见过的事物？
倘若任何的声调你都乐意与闻，
那你早就习惯了最奇异的事情。

浮士德：
僵化麻木不是我要找的幸福，
惊诧不失为人性最可贵之处；①
不管世界如何使人情感淡漠，
只要有所感触便会了解深入。

糜非斯托：
那就沉下去吧！我也可说上升！
反正一样！逃离已定形的世界，
走进那物象不再受拘束的国度！
去欣赏久已不复存在的事物；
扰攘世事如浮云聚集你身边，
要挥动你这钥匙将它们驱逐！

浮士德（振奋地）：
好！紧握着它我又觉得有劲儿，
心胸开阔了,好去把大事进行！

---

① 惊讶、好奇确实是探索的动力,认识的源泉。1829 年 2 月 18 日歌德告诉艾克曼："人所能达到的最高境界是惊异,如果原始现象令你惊异,你就该满足了。"

靡非斯托：
终于有一只烧得通红的宝鼎,
表明你已到达最深处的地心。
借着宝鼎的红光你看见众母,
她们一个坐着,其余的几个
随意地站或走。造型和变型,
是永恒的意识的永恒的依凭。①
周围漂浮着宇宙万物的形象,
它们看不见你,只看见幻影。
要壮起胆子,因为危险巨大;
要径直冲着那宝鼎走去,
伸出钥匙去碰一碰鼎身!
(浮士德威严地举起钥匙)

靡非斯托(端详着浮士德):
好,正是这样!
它会跟随着你,像忠实的仆人;
被幸福托举着,你将从容上升,
众母尚未察觉,你已携回宝鼎。
一当你把它带到宫中,就能
从冥冥中召唤出英雄和美人,
成为第一个完成此举的勇士;
而他就是你自己,不是别人。
然后要继续作法,持之以恒,
直到鼎中香烟化作男神女神。

---

① 以上靡非斯托在描述冥界景象时所讲的两段话,看似作者驰骋想象,信口开河。不尽然。其中关于上与下、意识与形态、定型与变型、存在与虚无、限制与自由等的表述,都同样富于哲理,颇堪玩味。

浮士德：

眼下如何行事？

靡非斯托：

潜心下沉；

猛跺脚沉下去，再跺脚往上升。

（浮士德跺脚往下沉。）

靡非斯托：

但愿那钥匙能帮他的大忙！

真想知道他能不能重回地上。

——《浮士德》第二部

解说

　　这是《浮士德》含义最丰富难解的一场。浮士德受摆脱了经济危机的帝国皇帝指派，去寻找古希腊美女美男海伦和帕里斯，跟魔鬼的对话涉及"众母"的神秘玄虚，看似无法做现实、科学的解释，实则蕴藏着宇宙万物生成发展的辩证哲理，集中体现了歌德的有关思想。他从基督教教义以及神话、传说、寓言中借用了许多富有象征意义的事物，对诸如钥匙、宝鼎等的解释，在《浮士德》的研究者中也众说纷纭，莫衷一是。我们只要揭下其艺术的神秘纱罩，发挥各自的想象同样可以做出独具只眼的解释，体会到研读这部对于欧洲人来说也很难读懂的经典的乐趣。

万物都起源于水！ 万物都靠水维系！

爱琴海的岩湾

泰勒斯：

万岁！万岁！万万岁！

美和真渗透我的全身,
我感觉无限快慰——
万物都起源于水!
万物都靠水维系!
海洋,请永远统治!
你如不使云雾翻滚,
你如不使溪水丰盈,
你如不让河流延伸,
你如不让大江奔腾,
山野田原会是啥情形?
是你啊,使生命之树常青。

回　声(四周一同应和):
是你啊,孕育新鲜的生命!

涅柔斯:
她们飘飘然从远处回返,
却不再如刚才左顾右盼;
组成一个个更大的圆圈,
举手投足合乎庆典规范,
聚成一大群在舞蹈飞旋。
可伽拉忒亚的贝辇,
已让我不时地发现。
它从人群中间驶过,
如同明星闪闪烁烁:
是可爱的人儿光芒耀眼!
虽仍相隔遥远,
却已真切清楚,
历历如在目前。

荷蒙库鲁斯：
在这温柔的水里，
我所照见的一切
全都迷人而美丽。

普洛透斯：
在这生命的水里，
你的光才更明亮，
声调更美妙清晰。

涅柔斯：
在一大群多里斯的女儿中间，
是什么稀罕东西展现在眼前？
像火焰绕着伽拉忒亚的贝辇和脚
在时明时暗地、可爱地飞旋，
好似爱情的脉搏掣动、流贯。

泰勒斯：
是人造人受普洛透斯指引……
他象征着热情奔放的憧憬，
我似乎听到了惊惧的呻吟；
他已撞碎在辉煌的贝辇上；
已在燃烧，在闪烁，在流浸。

赛壬们：
什么样的怪火照亮了海浪，
使它们汹涌、闪烁、碰撞？
是什么东西亮闪闪地漂来，
像夜行的航船散射出亮光，
使周围的一切被烈火包裹？

是爱神作主,将万物开创!
大海万岁! 波涛万岁!
海涛有神圣爱火包围!
万岁海水! 万岁火焰!
万岁罕见的惊险场面!

全　体:
万岁轻轻拂动的和风!
万岁神秘莫测的岩洞!
我们欢呼这儿的一切,
欢呼四大:土水火风!

——《浮士德》第二部

解说

　　主张生命形成于水的哲学家泰勒斯和美人鸟赛壬,先后唱起了海洋的赞歌,生命之源水的赞歌,构成宇宙万物的四大元素土水火风(空气)的赞歌。歌德以此对自然哲学的一系列根本问题做出了形象而深刻的回答。

批判主观唯心主义

(高拱顶的哥特式房间)

学　士:
完成这崇高使命靠青年一代!
我不创造它,世界便不存在。
是我引导太阳从大海里升起,
月亮的盈亏运行也随我心意;
白昼辉煌灿烂,装饰我旅途,
大地花红草绿,为叫我欣喜。
在那最初的夜晚,我一招手,

天穹中便缀满亮晶晶的星斗。
除了我,还有谁能帮助你们
冲破狭隘的市侩思想的樊篱?
而我却按照自己精神的指引,
自由快乐地追寻心中的明灯,
快步朝前迈进,斗志昂扬,
把黑暗抛身后,面向光明。

——《浮士德》第二部

解说

歌德用学士的形象批判视一切为自己意识的产物的主观唯心主义哲学。

歌德的泛神论信仰

前几天有人给我送来一窝小篱笆雀儿,同时还有一只让黏胶棍捉住了的老鸟。令我惊讶的是老鸟不只在房里一直哺育小鸟,而且甚至在被放出窗外以后又飞回到了小鸟身边。这样一种不惧危险和囚禁的亲子之爱,令我深为感动;今天我向歌德表示了我对此的惊奇。

"你真傻啊! 如果你相信神,你就不会大惊小怪了。

他原本应该感动世界,

胸怀自然也寓于自然,

他心里存在着活跃着的一切,

永远不缺少他的力量和精神。

"如果上帝不曾让老鸟对小鸟也满怀这种战胜一切的爱,如果整个大自然的所有生物不同样充满这样的激情,那世界将不会存在! 可事实是神性广布寰宇,无所不在,永恒的爱也就无处不显出力量。"

前些时候，在收到一位年轻雕塑家寄来的米龙①《母牛和吃奶的牛犊》的仿制品时，歌德也发过同样的感慨。

"这儿，咱们见到了一个最崇高的题材；它借助美丽的比喻，在我们眼前展现出了那个维系世界、贯穿整个大自然并赋予大自然活力的原则。这件雕塑和类似的作品，我誉之为神无处不在的真正象征。"

——艾克曼《歌德谈话录》

人只要有信念和勇气，天大的困难也能战胜

在阅读《圣经·新约》的时候，我想起了歌德最近给我看的一幅画：耶稣基督在海上行走，彼得踏着浪花向他走来，在突然失去勇气的一瞬间立刻开始下沉。

"这则传说再美不过了，我最喜欢的就是它。其中包含着最高深的哲理：人只要有信念和勇气，天大的困难也能战胜；相反只要产生一点点怀疑，立刻就会输掉。"

——艾克曼《歌德谈话录》

我不怀疑我们会继续存在，因为世界不会缺少生命力（Entelechie）

"已经过了怀疑的时代，现在很少有谁不怀疑上帝，而怀疑自己。再说，神的本质、灵魂的不朽、灵魂的存在以及灵与肉的关系这些永恒的问题，哲学家们对我们已经讲到头了。新近有一位法国哲学家干脆一开头就宣布：'众所周知，人的存在为两部分，也即肉体和灵魂。我们因此开始讲肉体，然后再讲灵魂。'费希特可是走得更远一点，也比较聪明地从难题里脱了身，说什么：'我们准备讨论作为肉体的人，以及作为灵魂的人。'他心知肚明，一个如此紧

---

① 公元前五世纪的希腊雕塑家，最著名的作品为《掷铁饼者》。

密联系在一起的整体,是没法子分开的。康德的办法无疑最有效了,他划出了人类智慧所能深入的界限,把根本无法解决的问题丢开了事。关于灵魂不朽,哲学家们还有什么脑子不曾动啊!结果走了多远呢!——我不怀疑我们会继续存在,因为世界不会缺少生命力(Entelechie);不过我们的不朽不会以相同的方式;为了将来表现出伟大的生命力,现在也必须是一种生命力。"

——艾克曼《歌德谈话录》1829 年 9 月 1 日

任何存在都不会化为乌有

"任何存在都不会化为乌有……①我写这首诗,是为了反驳下面这句诗:须知一切必然化为乌有,尽管都拼命想存在下去……这些蠢话叫我生气,我柏林的朋友们竟借开自然科学大会之机,把它们印成了金字。"

——艾克曼《歌德谈话录》

讽刺主观唯心主义的哲学观

靡非斯托:
听这番高论,先生实在很有学问!
凡摸不着的,您便以为远在天边,
凡抓不住的,您便根本不予承认,
凡算不出的,您便否认真实确凿,
凡没称过的,您便相信分量为零,
凡非您铸的,那金币便不值分文。

——《浮士德》第二部

解说

靡非斯托这段话尖刻地讽刺了主观唯心主义的哲学观。

---

① 这是歌德《遗嘱》一诗的首句。

六　文学艺术

舞台上的序幕[①]

（戏班班主　剧作家　丑角）

班　主：

每逢艰难困苦的时刻，
您二位总是给我帮忙，
说吧，如今在德意志，
你们对营业有何设想？
我渴望观众看得舒心，

[①] 约作于1797—1800年间。形式上可能受了歌德十分喜爱的印度诗人迦梨陀沙的名剧《沙恭达罗》的启发；只不过《沙恭达罗》的序幕仅为导演和一位女演员的对话，歌德的序幕内涵更加丰富，完全可以视作为一场有关戏剧的意义和价值、戏剧与人生的关系，以及戏剧创作和观众接受的相互影响等等问题的大讨论。三个角色各持己见——实际上都反映了作者观点的不同侧面——因此最终也没有做出是非曲直的简单评判。

他们活,也让别人活。
柱子已竖起,台板已铺上,
谁都盼着一台好戏开场。
众人张大眼睛怡然坐定,
巴望着对剧情大吃一惊。
我知道如何满足大众口味;
心中却感到从未有的困窘:
虽说是啊他们没看惯杰作,
然而也读过许许多多戏文。
要既新鲜又好看又有意义,
咱们真不知该怎么演才成?
本班主自然乐于看见:
观众如潮涌向这戏园,
一个个咬紧牙关往里挤,
要挤进永生的窄门一般;①
天大亮,还不到下午四点,
票房前已挤的乱作一团,
为抢张票险些折断脖子,
那情景活像面包店遇饥荒年。
对各色人等,唯剧作家能
创造奇迹;朋友,今天全靠您!

剧作家:
哦,快别提起那杂乱的人群,
一看见他们我就失去了诗兴。
请把潮涌的观众遮挡在幕外,
我不愿被他们卷着随波而行。

---

① 典出《圣经·新约·马太福音》第七章:"你们要进窄门……引到永生,那门是窄的。"

不,请你让我去宁静的天国,
在那儿诗人的欢乐才叫纯净;
在那儿爱情友谊假天神之手,
创造、培育我们的幸福心灵。

唉,不管是内心深处的激情,
不管是唇齿间的絮语温存,
不管失败也好,成功也好,
通通会被狂暴的瞬间鲸吞。
往往需要历经岁月的考验,
完美的形象才会浑然天成。
闪亮的东西只能存在一时,
真品才会在后世永葆青春。

丑　角:
我可不愿听什么后世不后世;
如果硬要我来把后世说道,
又叫谁替现代人制造笑料?
他们需要它,也该得到它。
我这样乖巧的小伙儿,我想,
任何时候都该是宝中之宝。
谁只要能说会道,巧舌如簧,
就不会为观众的任性气恼;
我希望他们来得很多、很多,
好把震惊四座的信心提高。
所以只管乖乖儿干出个样子,
只管想入非非,让幻想的
众弟兄什么理性啊、智慧啊、
温情和激情啊来个大合唱,
但记住,别把卖呆装傻忘掉!

班　主：
不过特别需要戏多又闹热！
观众来看戏，就想看够看饱。
只要剧情复杂，场景花哨，
看得人目不暇接，目瞪口呆，
二位就肯定赢得广泛赞扬，
就肯定走红，被捧上九霄。
对付人多的办法唯有戏也多，
说到底，谁都需要照顾到。
上个大拼盘，不怕众口难调，
管叫散场时观众个个叫好。
一部戏，最好都是片段、折子！
观众准欢迎这样的杂拌儿，
做起来容易，端上桌也方便。
一部完整的大戏有什么用？
观众最终要把它撕成碎片。

剧作家：
您不觉得，这样的伎俩太低级，
对真正的艺术家，实在不相宜！
只有那些拆烂污的高手行家，
看起来呀，才能真正叫您满意。

班　主：
您这样责备我，我并不觉委屈：
常言说得好，工作要有成效，
必须坚持用最得劲儿的工具。
想想吧，您要劈的是块软木；
看清楚，您在为什么人编戏！
一些人百无聊赖才走进剧场，

一些人吃得太多才来消饱胀,
而最最讨厌的还是另外一些,
纯粹因为读腻了报刊的文章。
观众纷至沓来像参加假面舞会,
被好奇心驱使,个个健步如飞;
女士们浓妆艳抹,争着亮相,
不过是义务登台,没出场费。
您呆在象牙塔上做什么美梦?
剧场已挤满,您还不觉快慰?
仔细瞧瞧您眼前的衣食父母!
他们是半数冷漠,半数粗鲁。
这个想的是看完了戏去打牌,
那个想在妓女怀中春风一度。①
可怜的傻瓜,您又何必多事,
一定要去难为那文雅的缪斯?
告诉您,只管编造,越多越妙,
如此这般,您总会达到目标。
要紧的只是叫观众晕晕乎乎,
要满足他们,确实很难办到——
您怎么啦?是兴奋还是病了?

剧作家:
去去去,去另外找个奴仆!
自然赋予诗人做人的权利,
它至高无上,神圣无比,
难道要我亵渎它,为了你!

---

① 这一段实际而生动地写出了当时德国观众素养和水平的低下。它使人想起莱辛关于高水平的观众是产生杰出的民族戏剧的条件的论断,对认识我国文艺界的某些现象也不无启发。

他打动人心依靠的什么?
他制胜万物用什么武器?
难道不是从他胸中迸出的、
又摄世界入他心中的和音?
当造化用它那恒的长线
漫不经心地绕在梭子上,
当芸芸众生纷乱地呈现,
发出嘈杂而讨厌的声响,
是谁分割永远单调的流动,
赋予它生气和顿挫抑扬?
是谁把单一结合成整体,
奏出优美和弦,荡气回肠?
谁使怒吼的风暴感情激越?
谁让燃烧的晚霞神态端庄?
是谁把娇艳迷人的春花
铺撒在情侣漫步的路上?
是谁用本无意义的绿叶
编制成顶顶荣耀的桂冠?
谁统一众神? 稳定奥林帕斯?
是由诗人体现的人的力量。

丑 角:
那就请好好使用这种力量,
去搞您文人墨客的勾当,
把那些情场上的冒险效仿。
偶然相遇便依依不舍,
一来二去已堕入情网;
刚尝到甜头又生出怨恨,
幸福之中就有哀痛滋长,
如此这般凑成小说一部。

咱们何不照样演上一场!
从漫漫人生您尽管捞取!
生活本如此,唯众人糊涂,
因此您怎么写都肯定有趣。
花花绿绿的场面中夹带点清纯,
诸多的谬误里闪烁着一星真理,
如此便酿造出最醇美的烧酒,
足以叫世界兴奋得忘乎所以。
于是青年的精英济济一堂,
聆听您的剧作传达的启示;
于是一颗颗年轻敏感的心灵
从您的大作吸取伤感的营养,
于是这个激动,那个悲泣,
都以为您说到了他们心里。
他们一会儿哭,一会儿笑,
崇敬着夸张,欣赏着空虚;
成年人您做什么也不讨好,
年轻人却总对你心怀感激。

剧作家:
请容我也回到青年的时代,
那时节我自己同样在成长,
那时节我的诗泉日夜涌溢,
一首接一首地把新歌吟唱,
那时节我看世界轻雾弥漫,
每颗花蕾都给我美好希望,
那时节我采摘万千的花卉,
铺撒在所有山谷的幽径上。
那时节我一无所有却富足:
既渴求真理,又耽于幻想。

请再给我狂放不羁的激情,
再让我把幸福的苦酒品尝,
赐予我恨的力量爱的权利,
还给我啊宝贵的青春时光!

丑　角:
朋友,青春你总能派用场,
如果你战斗中被敌人包围,
如果紧紧搂住你脖子的
是一位千娇百媚的女郎,
如果荣耀的桂冠远远招手,
在你难于取胜的赛跑会上,
如果令人眩晕的狂舞过后,
你还要通宵达旦痛饮一场。
不过呢,老爷子您的任务
是鼓起勇气、舒展手指,
弹奏世人熟悉的老调,
是迈开脚步优哉游哉,
走向自己既定的目标;
我们却不因此小瞧你。
说年老反倒幼稚不对,
实际上咱们真正年少。

班　主:
咱们讨论得已经够啦,
让我瞧瞧二位的本事!
与其老是在这里磨嘴皮,
不如干些个有益的事体。
侈谈灵感什么的有啥用?
磨磨蹭蹭它不会光顾你。

老兄既然以剧作家自居,
就请您把戏文提调驾驭。
您清楚咱们需要的什么:
咱们要喝就喝烈酒醇醪,
快给我酿造,十万火急!
今天不做明天休想成功,
每一天都不能白白过去。
能做的就该果断去做,
必须及时地抓住机遇,
并且捏紧它小辫儿不放,
坚持到底,一定有成绩。

二位清楚,德国的舞台
谁都可以尽情地做试验;
布景道具嘛多多往上搬,
今儿个别为我考虑节俭。
大天光、小天光和星星①
您不妨也通通地用上;
水、火、峭岩,飞禽走兽,
缺少了哪个也不像样。
于是从这狭小的舞台
你们将畅游宇宙八极,
将从从容容地走过
天堂、人间和地狱。

解说

　　这是伟大诗剧《浮士德》常常被人忽视的段落之一。它以站在

---

　①　大天光指太阳,小天光指月亮,典出《圣经·旧约·摩西五经》第一经第一章。

不同角度上的三个人物的对话和相互辩驳,阐明了戏剧乃至整个文学艺术的一系列重大和根本的问题,充分体现出歌德本人的文艺思想,十分值得玩味。

——《浮士德》第一部

还有什么比题材更重要呢?

"还有什么比题材更重要呢?离开题材,还谈得上什么艺术性呢?题材不行,天才通通白费。正是由于现代的艺术家缺少适当的题材,现代的艺术所以通通都很蹩脚。我们大家深受其害;不可否认,我也有我的现代病。

"对此心知肚明,因而处之泰然的,只有少数艺术家,"他接着说。"举个例吧,他们画我的《渔夫》,不考虑它全然不适合作画。须知,这首叙事诗仅仅表现对水的一种感觉,一种在夏日里引诱我们入水沐浴的快意;除此诗里什么也没有,又怎样画得出来呢!"

"坚持下去吧,始终抓住现实。每一个情况,甚至每一瞬间,都有无穷的价值,因为它是无尽永恒的体现。"

——艾克曼《歌德谈话录》

不同的诗体格律里面,蕴藏着各种神秘而巨大的效果

"不同的诗体格律里面,蕴藏着各种神秘而巨大的效果。比如我的《罗马哀歌》,如果有人将其改译成拜伦《唐·璜》式的音调和格律,那它的内容必定也跟着变得十分粗俗。"

——艾克曼《歌德谈话录》

富有文学价值的素材,即使不合自己主观的胃口也一样采用

"我们多数青年作家的缺点仅仅在于,他们主观创造性既不

强,又不知道去客观世界寻找材料。充其量他们能找到与他们自身相似的素材,适应他们主观胃口的素材;至于那种本身富有文学价值的材料,即使它们不合自己主观的胃口也一样采用,这在我们那些青年作家就根本没法想象。

"不过已经说了,只要青年们能够努力学习,深入生活,从而产生出几个出类拔萃的人物,那我们文学的前景还是看好,至少我们青年抒情诗人的情况是如此。"

——艾克曼《歌德谈话录》

我越来越认为,诗是人类的共同财富

"我越来越认为,诗是人类的共同财富,而且正成百上千地,由人在不同的地方和不同的时间创造出来。一个诗人可能比另一个诗人写得好一点,浮在水面上的时间也长一点,如此而已。马提森先生因此千万不要以为,只有他是诗人,[①]我也不以为,只有我是诗人,而是每个人都该告诉自己,写诗的天赋并非什么稀罕物儿,没谁因为写了一首好诗,就有特别的理由感到自负。显而易见,我们德国人如果不跳出自身狭隘的圈子,张望张望外面的世界,那就太容易陷入固步自封,盲目自满了哦。因此我经常喜欢环视其他民族的情况,并建议每个人都这样做。一国一民的文学而今已没有多少意义,世界文学的时代即将来临,我们每个人现在就该为加速它的到来贡献力量。但是,我们对外国文学的重视还不应止于某一特定的文学,唯视其为杰出典范。我们不应该想,只有中国文学杰出,或者只有塞尔维亚文学,或者只有卡尔德隆,或者只有《尼伯龙根之歌》杰出;而总是应该回到古希腊人那儿去寻找我们需要的典范,因为在他们的作品里,始终塑造的是美好的人。其他文学都只能以历史的眼光看待,好的东西只要有用,就必须借鉴。"

——艾克曼《歌德谈话录》

[①] 马提森(Mathisson, 1761—1851),与歌德同时代的德国诗人。

天才是无法传授的

"它难以传播,因为它,你知道,不只要求人读,要求人研究,而且还要求人做,这可就难啦。写诗和画画的法则也一样,在一定程度上可以传授,但想成为一名好诗人和好画家,那就需要天才,而天才是无法传授的。要发现简单的元现象,认识它的重大意义,用它进行实践,就需要有高瞻远瞩的创造精神才行;这可就是一种罕见的、只有少数天赋极高的人才具备的才能了……

"一位风景画家必须知识渊博,光懂得透视学、建筑学、人体和动物解剖学还不够,而且甚至对植物学和矿物学也得有一些个了解。了解植物学,为了很好表现树木和其他植物的特性;了解矿物学,为了把不同类型的山画得特点鲜明。当然画家也无须成为矿物学的专家,因为他多半只是跟石灰岩、片岩和砂岩打打交道,需要知道的只是不同岩质的山的不同形状,不同的山在遭到风化时的不同裂纹,以及哪些树木在山上生长茂盛或者变成了畸形。"

——艾克曼《歌德谈话录》

一个民族生活、恋爱和感受如同另一个民族,为什么一位诗人不能跟另一位诗人同样作诗呢?

"世界永远是同一个模样嘛,各种情景不断重复,一个民族生活、恋爱和感受如同另一个民族,为什么一位诗人就不能跟另一位诗人同样作诗呢?生活状态一个样:为什么诗的状态就该不一样呢?"

"正是生活和情感相同,才使我们能够理解其他民族的文学啊,"里默尔说。"否则,在读外国诗的时候,我们就将不知所云。"

"所以呀,"我接过话头,"总有一些学究让我感觉莫名其妙,他们好像认定做诗不是从生活到诗,而是从书本到诗。他们总是讲,这是这里抄来的,那是那里抄来的!例如莎士比亚作品里有些地方，因为在古希腊罗马的作家那儿也有过，他们就认为是他抄了古人的作品来着！例如莎士比亚的作品写过这样一个情景：人们看见一位姑娘漂亮，于是就夸养了这么个女儿的父母有福气，夸将娶她回家的小伙子有福气。现在因为荷马史诗里也出现过相同的情节，于是就说莎士比亚也是抄的荷马！——多有意思哟！好像这类事情真的须要千里迢迢地去寻找似的；好像人们不是每天都亲眼看见，都亲身感受，都亲口述说似的！"

"是啊，"歌德道，"真是可笑极了！"

"在这点上，"我接着说，"就连拜伦爵士也未能免俗。他把您的《浮士德》拆得支离破碎，认为您这是这儿拿来的，那是那儿拿来的。"

"拜伦爵士引证的那些杰作，我大部分连读都没有读过，更别提在写《浮士德》的时候想起它们来啦。确实，拜伦爵士只在做诗的时候才伟大，一需要思考就变成了孩子。所以拿那些来自他同胞的对他自己的无端攻击，他也一筹莫展；他本该更有力地予以反击才是。他应该说，作品里的一切全是我自己写的！不管取自生活还是书本，都一个样，问题只在于我用得恰当！沃尔特·斯科特用了我《哀格蒙特》的一幕，他有这个权利；他还应该受到称赞，因为他用得聪明。同样，他还在自己的一部小说里，仿我的迷娘塑造了一个人物；至于是否塑造得同样成功，那是另一个问题。拜伦爵士的魔鬼换了一副嘴脸，却仍然是靡非斯托的后代，这也没有错！他要是异想天开，另起炉灶，没准儿弄得更糟。还有我的靡非斯托唱了莎士比亚的一支歌子，他又为什么不可以？如果莎士比亚的那支正好合适，说出了我正想说的话，我干吗要劳神费力自行编造一支？所以我《浮士德》的序幕就与《约伯记》有几分相像，这也完全正确，为此应该受到赞扬而不是指责。"

——艾克曼《歌德谈话录》

解说

这段谈话内涵丰富，阐明了作家之间相互借鉴的必要和可能，也道出了建立比较文学学科的合理性。

一人独处不好，单独一个人在那里写作尤其不好

"一人独处不好，单独一个人在那里写作尤其不好；想要作品成功，就必须有他人的参与和启迪。我能写成《阿喀琉斯》和其他一些叙事谣曲得感谢席勒，是他鼓励了我写作；如果我能完成《浮士德》的第二部，你也可以算上一份功劳啊。这话我已讲过多次，但还必须反复讲，以便你了解。"

——艾克曼《歌德谈话录》

音乐才能是天生的

"音乐才能的确可能很早就表现出来，因为音乐这东西完全是天生的，内在的，无需从外界汲取很多营养，不拥有生活的经验。不过呢，像莫扎特这样的现象自然永远是一个奇迹，一个无法进一步说清楚的奇迹。这些出类拔萃的个人，我们以惊羡的目光注视着他们却不明白他们来自何处，倘若上帝不是时不时地在他们身上一试身手，那他干吗还到处去寻找机会显示圣迹呢。"

——艾克曼《歌德谈话录》

在文坛我们常常发现这样的例子

"伯尔内是个人才，党派仇恨成了他利用的同盟力量；不依靠这个力量，他不可能产生影响。在文坛我们常常发现这样的例子，就是仇恨取代了才能；一些才能微不足道者大出风头，就因为充当了某个党派的喉舌。同样，在现实生活中也有大量这样的人，他们没有足够的人格得以自立，只好投靠一个党派以自重，以使自己成为一个人物。"

——艾克曼《歌德谈话录》

真正的力量和诗意在于意境

"确实如此。你从中看出了母题的极端重要,然而这种重要性却没谁愿意理解。咱们的女诗人更是完全摸不着头脑。这首诗很美,她们说,说时想到的只是情感,只是语言,只是格律。却不知道真正的力量和诗意在于意境,在于母题;这点谁都想不到。就由于这个原因,做出来了成千上万根本没有母题的诗,这些诗只用情感和悦耳的诗句反映某种存在。总而言之,业余爱好者特别是妇女对诗的理解很差。他们通常以为,只要学到了技巧,就掌握了本质,就已经是诗人;然而他们大错特错啦。"

——艾克曼《歌德谈话录》

《浮士德》是部疯狂的作品,超出了所有正常人的情感

"要我就还不会劝你读《浮士德》喽。这是部疯狂的作品,超出了所有正常人的情感。可您在未征询我的情况下已经开始读了,那就自个儿瞧瞧怎么读下去吧。浮士德是个怪人,只有很少的人能体会他的内心世界。糜非斯托作为玩世不恭、老于世故的生动典型,作为一种富有普遍意义的世界观的具体写照,他的个性同样也很难把握。不过您瞧好了,看那里边到底对您会闪现出怎样的智慧之光。"

——艾克曼《歌德谈话录》

只有妩媚总是征服人心

刻 戎:
嗨,女性的美貌算个啥,
往往不过是呆板的图画;
我赞颂的只是那种女人,

她生气勃勃,快乐机灵。
美貌只能叫人自我陶醉;
只有妩媚总是征服人心,
就像我曾背负过的海伦。

——《浮士德》第二部第三幕

《玛丽温泉哀歌》与歌德写诗的方法

"你瞧,这就是极端的狂热状态的产物,当我还沉迷其中,给我世间的任何珍宝我也不肯脱离它;可是现在,再崇高的奖赏也不能诱使我重新堕入那样的状态。

"一离开玛丽温泉我便写了这首诗,也就是说还完全处于新鲜的感受中。清晨八点在第一个驿站上写成功第一段,接着在车里继续写,一站一站地把记在脑子里的东西全写下来,到晚上整首诗已白纸黑字摆在面前。因此才如此直抒胸臆,如此一气呵成;所有这些,都有助于整部作品的成功。

"之所以这样,是因为我就像孤注一掷的赌徒,把所有一切全押在现实这张牌上,毫不夸张但却尽其可能地使它升了值。"

——艾克曼《歌德谈话录》

解说

这一段自白非常重要,它揭示了歌德诗歌创作的方法,说明了他的作品特别是抒情诗何以多彩多姿,激情澎湃。

谈创作的真实不等于现实

"在这里你到底见识了一位完人,他想的很美,感觉也美;在他的心灵中,存在一个你在外面任何地方都不容易遇见的世界。他的画都高度真实,可却无丝毫的现实。克劳德·洛兰熟谙现实世界的细枝末节,他以它们为材料,以便表现自己美丽的心灵世界。

这便是懂得利用现实素材的真实理想,它只显得真实,只是个幻象,而并非真正的现实。"

——艾克曼《歌德谈话录》

创作最忌功利和草率

"天性使然,有些杰出人物每次写作都要先静心而深入地钻研题材,决不匆忙从事,即兴命笔。这样的天才常常叫我们不耐烦,因为你很少能从他们那儿得到你眼下希望得到的东西。然而也正是如此,才诞生出了登峰造极的作品。"

我把谈话引向了拉姆贝格。歌德说:

"他当然是另一种类型的艺术家,一位极讨人喜爱的天才,一位无与伦比的即兴挥毫大师。一次在德累斯顿,他要我临时出个题目给他画。我就告诉他:阿迦门农远征特洛亚归来刚下马车,正要跨进家门突然心中感到不是滋味。你得承认,这个题材真是再难不过,换上别的画家必定要长时间深思熟虑。可他倒好,我话刚出口,他已经画起来,而且我还不得不佩服他,竟立刻准确地把握住了要表现的东西。我无法否认,我真想收藏几幅拉姆贝格亲手画的画。"

……

"这样的套路总是赶着完工,不觉得创作本身有任何乐趣。货真价实的、真正伟大的天才,却能在创作过程中找到最大的幸福。卢斯孜孜不倦,一丝不苟,才画成了他那些山羊和绵羊的长毛和卷毛;从那无比的精准细腻,可以看出他工作时享受着最纯净恬美的幸福,根本想不到赶工来着。

"才能差一些的人不满足于艺术就是艺术;他们在创作中总是眼睛盯着钱,只看见他们希望用完成了作品去换取的报酬。可是,目的与路子如此世俗和功利,根本出不来任何大作品。"

——艾克曼《歌德谈话录》

读中国小说的感想

"在没与你见面的这些日子,我读了不少书,特别是也有一部中国小说,我眼下还在读它,觉得这部小说极为值得注意。"

"一部中国小说?"我接过话头,"那肯定挺怪的吧。"

"不像你想象的那么怪,人们的思想、行为和情感几乎跟我们一个样,我们很快会觉得自己跟他们是同类,只不过在他们那里一切都更加明朗,更加纯净,更加符合道德。在他们那里一切都富于理智,都中正平和,没有强烈的情欲和激扬澎湃的诗兴,因此和我的《赫尔曼与多罗苔》以及英国理查生的小说,颇多相似之处。可不同之点还是在于,在他们那里,外在的自然界总是与书中人物共同生活在一起。人们总是听见池子里的金鱼在泼剌剌地跳跃,枝头的小鸟儿在一个劲儿地鸣啭,白天总是那么阳光明媚,夜晚总是那么清朗宁静;写月亮的时候很多,可自然景物并不因其改变,朗朗月华在他们的想象中明如白昼。还有房屋内部也精致、宜人得一如他们的绘画。例如,'我听见可爱的姑娘们的笑声,随即看见她们坐在纤巧的藤椅里。'这情景立刻让人觉得美不胜收,因为藤椅必然使你联想到极为轻巧,极为纤细。而且故事里随时穿插着无数典故,援用起来恰似一些个格言。例如讲到一位姑娘的双脚是如此轻盈、纤小,她就是站在花上,花也不会折掉。又讲一个青年男子,德性和才学都很出众,所以三十岁时便获得了和皇帝谈话的恩宠。还讲到一对情侣,双方长期交往却洁身自好,一次不得已在同一间房里过夜,仍旧只是以交谈打发时光,谁也不曾碰一碰谁。类似的无数典故,全都着眼于伦常与德行。然而正是这凡事都严格节制,使中华帝国得以历数千年而不衰,而且还会这样继续维持下去。

"不过这部中国小说,"我讲,"也许是他们最杰出的小说之一吧?"

"才不哩,他们有成千上万这样的小说,而且早在我们的祖先还生活在莽莽森林里,就已经有了。"①

——艾克曼《歌德谈话录》

要是在道德伦理方面,他也懂得节制就好了②
——评说拜伦

"他生性天马行空,好高骛远,能以遵守'三一律'来约束自己真是一件好事。要是在道德伦理方面,他也懂得节制就好了!他办不到这点,便是他的致命伤;完全可以讲,他毁就毁在放纵不羁。

"他一点没有自知之明。他总是狂热、冲动,头脑发昏,既不清楚也不考虑,自己究竟在做什么事。他自己为所欲为,看别人却一无是处,这一来肯定自己也没好结果,把全世界都变成了自己的敌人。他那篇《英格兰诗人和苏格兰评论家》,一开始就得罪了那帮文学精英。随后哪怕只为了活下去,他也必须后退一步。可在接下来的作品里,他继续与人家对着干,这也看不顺眼那也看不顺眼;国家和教会也敢去碰。如此不顾一切地蛮干,使他在英国呆不下去了,再过一段时间欧洲也可能把他赶走。他在哪儿都觉得空间狭窄,他享受着无边无际的个人自由仍感到憋闷;世界对于他是座监狱。他奔赴希腊并非心甘情愿的决定,是他与世界的别扭关系驱赶他去了那里。

"他与传统决裂,与爱国主义决裂,这不只毁了他这样一个优秀的人;他的革命理想和与此相联系的经常情绪激烈,也不容许他的天才得到充分发挥。还有他老是反对别人、挑剔别人,同样有损他自己的那些优秀作品。倒不仅仅是诗人的不满情绪会传给读者,而是一切的反对都会导致否定,而否定的结果只有虚无。我如

---

① 歌德在阅读我国明代小说《好逑传》时发了这样一番感慨,歌德对中国的描绘自然不可能全面、准确,但其对异国文化的谦逊态度和视不同民族为同类的人类意识,十分地可贵。

② 在这篇谈话里歌德对拜伦细加评说,涉及的方面很多,观点却未必都正确;但作为诗人论诗人很是值得注意。

果见坏就说坏,那又能得到多少好处?可如果我把好的也说成坏的,那害处可就大啦。谁真要想成就事业,千万不要咒骂,千万不要去忧心那些做颠倒了的事情,而应该永远只做正确的事。因为需要的不是摧毁,而是建设;建设将使人类感受纯粹的快乐。"

"所有英国人生来都不爱独自思考;精力分散于各种琐务并热衷党争,根本静不下心来提高自己的修养。但作为实践家,他们却很伟大。

"这样,拜伦爵士从来不能好好自我反省;因此他即使进行反思也从来不会成功,例如他那句'钱要多但不要权威'就莫名其妙,好像钱一多权威便自然削弱了似的。

"然而他的创作却都成功了,真可以讲,他这个人是灵感取代了思索。他必须不停地写作;须知在创作中,一切来自人的特别是心灵的东西,在他都很杰出。他写起诗来就像女人生孩子;她们不用思考,也不知道是怎样生出来的。

"他是一位伟大的天才,一位天生的诗人;在我看来,没有任何人身上有他与生俱来的那么多做诗的天分。还有在把握外在事物和洞悉历史情境方面,他也与莎士比亚一般伟大。不过作为纯粹的个人,莎士比亚更加杰出。对此拜伦心中有数,所以也不多谈论莎士比亚,尽管他把莎士比亚的作品大段大段地背得烂熟。他真恨不得将莎士比亚给否定掉,因为他的快活爽朗如同横在他前进路上一块巨石,他感觉自己无法越过。他不否定蒲伯,因为不害怕蒲伯。只要一有机会,他就提起蒲伯,对蒲伯钦敬有加,因为他清楚,蒲伯于他只是一道背景而已。"

歌德谈起拜伦来似乎滔滔不绝,我呢,听他讲也不知疲倦。在几段小的插话之后,歌德接着讲:

"身居英国上议院议员的高位,对拜伦十分不利。因为任何天才都要受外界的影响,更何况出身又如此高贵,家资又如此豪富。中等的家庭环境,对于一位天才要有利得多;所以我们也发现,伟大的艺术家和诗人全都出自中层阶层。拜伦那样地不知节制,要是出身低一点,家产少一点,也就远远不会那么危险。可事实上呢,他有权利想干什么就干什么,结果便陷入了无数的纠葛麻烦。再说,他出身如此地高贵,还有哪个等级能令他心生敬佩和顾忌呢?他心里想的什么就说什么,这便使他与世人的矛盾难分难解。

"看着真是令人惊讶,"歌德继续说,"这个高贵、富有的英国人,竟把生命的很大一部分耗费在了私奔与决斗中间。拜伦爵士自己就讲,他的父亲曾勾引跑了三个妇女。相比之下,他这个儿子还算理智的哩!

"他确实一直生活在原始状态;以其秉性,他必定时刻觉得有自卫的需要。因此他总是放枪。他不得不随时准备着有人去找他决斗。

"他没法独自生活。所以他尽管有很多怪癖,对自己交际圈内的人却极其宽容。他可以整个晚上朗诵悼念穆尔将军的诗,让他那些高贵的朋友如坠五里雾中。他不管这个,朗诵完了就把诗稿放回口袋里。作为诗人,他表现温顺如同绵羊。换上另外一位,可能就会叫那班高朋见鬼去。"

我作为诗人的特点,不是力求去体现什么抽象的东西

"德国人啊真是些怪人!——他们到处寻找深刻的思想和观念,给什么都塞进深刻的思想和观念,因而把生活搞得来难上加难。——唉,你们终于该鼓起一点勇气啦,要大胆相信自己的直觉,想快乐就快乐,该感动就感动,让自己受到振奋甚至获得教益,让自己胸中燃起熊熊火焰,勇敢地投身到伟大的事业中去;只是别老想如果不存在抽象的思想和观念,这一切都是空的。

"你来问我,我想要在《浮士德》中体现什么观念。好像我自己对此真的心中有数,并且讲得出来似的!——从天庭到尘世再到地狱,这必定意味着什么;然而却并非任何的观念,而是剧情的发展过程。再说,魔鬼赌打输了,一个努力摆脱迷误、永远自强不息的人有望得救,这固然也是一个切合实际、能给大家某些启迪的好

想法,但却不是一个可以成为全剧特别是每一场的基础的什么观念。我在《浮士德》中表现的生活是那么丰富多彩,那么光怪陆离,要是我真能用唯一一根贯穿始终的细线把它们串在一起,那确实一定会成为一个绝妙的玩意儿!

"总而言之,我作为诗人的特点,不是力求去体现什么抽象的东西。我只是在内心中吸取印象,而且是感性的、鲜活的、可喜的、形形色色的、多姿多彩的印象,一如我活跃的想象力所能提供的一切一切;我作为诗人要做的仅仅是,在心里对这些观感和印象进行艺术的整理加工,然后再生动地将其表现出来,以使其他人在听到或读到时也获得完全一样的观感和印象。

"即或我作为诗人有时也想表现某个观念,那我所写的也只是一些小诗,一些内容极为单一和一目了然的作品,例如《动物的变形》、《植物的变形》和《遗嘱》等等。至于篇幅较大的作品,我有意识按一个贯穿始终的观念写成的大概仅有一部,那就是我的《亲和力》。这部长篇小说的主题因此好理解把握一点;不过我并不想讲,它也因此更成功一些。我的想法倒是:一部作品越是难理解把握、曲高和寡,才越成其为杰作。"

——艾克曼《歌德谈话录》

你得当心啊,当心别急于写大作品

(给青年诗人的忠告)

"你得当心啊,当心别急于写大作品。许多咱们最优秀的青年正好犯了这个毛病,恰恰又是那些最具天才和最有抱负的人。我自己也曾经吃过亏,知道它对我多么有害。白费劲儿的事情干得太多太多啦!倘使我只做自己确实能做好的事情,我写成的作品何止一百部。

"现实要求获得自己的权利;每天涌起在诗人胸中的思想和情感,它都要求得到表现,也应该得到表现。可是,你脑袋里如果装着大作品,就不可能同时想到任何别的事情,如此一来所有思想都被排挤掉了,你也会长时间失去生活本身的乐趣。仅仅为使一部大作品的构思变得完整、谨严,就需要耗费多少的努力和心智;而随后要流畅自如地把它表现出来,又需要花多少力气以及何等安静而不受干扰的生活环境哟。要是整体有所失误,那自然前功尽弃;再说,题材如此巨大,只要不能完全把握好一个个的细节,整部作品必然这儿那儿出现漏洞,你于是会挨骂;结果,诗人做了那么多努力和牺牲,一切一切换来的不是奖赏和喜悦,仅是不快和心灰意懒。相反,诗人如果抓住每天的现实,随时趁热打铁以涌起在自己胸中思想情感作题材,那他就总写得出一点好东西;即使有时候也可能不成功,却不会有任何的损失。

"就说科尼希堡的奥古斯特·哈根吧,他本是一位了不起的天才。你读过他的《奥尔弗里特与李塞娜》没有?诗中有些个段落写的好得不能再好;东海之滨的风物人情以及种种的细节描绘,都出色极了。然而美的也仅仅是段落,整部诗不会讨任何人喜欢。而他为此浪费了多少的精力啊!简直就快精疲力竭,心力交瘁。现在他又搞了一部悲剧!"

说到此歌德微微一笑,停了片刻。我接过话头,说:要是我没有弄错,他曾在《艺术与古代》上撰文劝告哈根,希望他只写小题材。

"我自然是劝过他,"歌德应道,"可我们老年人的话又有谁听呢?谁都自以为是呀,结果一些人一败涂地,一些人长时间胡乱摸索,误入歧途。可如今不再是摸索和失误的时代喽,我们年长者已经走过了这个阶段;要是你们年轻人还要重蹈覆辙,那我们的所有摸索和失误又有什么意义呢?那咱们将永远原地踏步!人们会原谅我们年长者误入歧途,因为我们没有现成的路可走;对你们后来人的要求就要多一些,你们不允许重蹈覆辙,胡乱摸索,而是得听取老年人的忠告,一开始就在正路上往前行进。而且还不能满足于仅仅向着未来的目标迈步,还得一步一个脚印,使你们迈出的每一步本身都成为目标。

"随时随地牢记这些话,看看有哪些适合你,能为你所用。我原本不担心你,只是想这么说上几句,也许能帮助你快一些度过一个不适合于你情况的阶段。我说过了,希望你目前只写小题材,写每天的新鲜感受,这样你通常都会写出好的东西,而每一天也会带给你快乐。一开始不妨把稿子给小册子使用,给杂志发表;但切莫别人要求怎么写就怎么写,而是永远得有主见。

"世界如此辽阔广大,生活如此丰富多彩,什么时候也不会缺少做诗的因由。不过所有的诗都必须是即兴诗,也就是说,必须由现实为写诗提供灵感和题材。个别特殊的事件,正是通过了诗人的处理,才会获得普遍价值和诗意。我自己所有的诗都是即兴诗,都是由现实所引发,在现实中获得坚实的根基。对那种凭空胡诌的诗我嗤之以鼻。

"别讲什么现实缺乏诗意;须知诗人的本色正好体现在他是否有足够的智慧,能够从平凡的事物中提炼出富有诗意的成分来。现实应该提供的是母题,是需要表现的要点,是真正的核心;而诗人的任务就在于,由此核心发展创造出诗的美好、鲜活的整体来。你知道那位傅恩施坦,那位人们讲的自然诗人;他写过一首讲忽布叶种植的诗,写得真是再好不过。现在我让他写一些反映手工业者生活的诗,特别是写一首纺织工人歌,并且确信他一定能写好;因为他打青年时代起就生活在这些人中间,对要写的对象了解十分透彻,一定能驾驭他的题材。而这,即只须挑选和能够挑选自己熟悉和善于驾驭的题材,正是写小作品所占的便宜。写大作品却不成,与整体有牵连瓜葛的一切一切都无法回避,都必须写,而且还要写得真实、精确。可年轻作者对事物的认识仍然片面,写大作品却要求有多方面的知识,这一来就必然跌跤子。"

我告诉歌德,我正想写一首关于四季更迭的长诗,准备把各阶层人士在不同季节的活动和娱乐通通编织进去。

"这正是我说过的那种情况,"歌德回答,"在许多方面你可能成功,但还有一些也许你研究不够和认识不够的地方,你会遭到失败。渔夫也许你写得很好,猎人却可能不行。但只有某个部分不过关,整体也就有了问题,即使一些个段落再精彩,你仍不能算创作了完美的作品。反之,要是你只写你胜任愉快的这个那个部分,你就笃定能写出好作品来。

"我特别要告诫你别去搞自己的伟大发明;因为发明得拿出自己的观点,而年轻人的观点很少是成熟的。再说:塑造人物和提出观点作为诗人禀赋的重要方面往往会从其自身剥离开来,这样就将使他日后的创作丧失丰满。结果呢,多少光阴耗费在了臆造、构思和编织的过程中,到头来却没人会说你一点好话,就算你好歹还能大功告成。

"相反,写现成的题材完全是另一个样子,会容易得多。事实和人物俱已存在,诗人只须赋予整体以生命。这样做他还能保持自身的丰满完整,因为诗人只须做很少的自我投入;再说时间和精力的消耗也小得多,因为需要花力气的只是表达。是的,我甚至建议写前人已经写过的题材。叶芙根尼娅不知写过多少次啦,然而仍旧常写常新是不是;因为每个人对事情有每个人自己的看法和写法。

"暂时丢开所有的大题材吧。你已经努力得够长久啦,是该你认识生活的欢乐的时候啦;对此,最好的途径就是写小题材。"

——艾克曼《歌德谈话录》

观察自然与文艺创作

"我着手写作时就像个画家,在画某些题材时他避免用某些颜色,反过来却多用另一些颜色。例如画晨景吧,就多挑些蓝色颜料在画板上,黄色却很少。反之,画傍晚取的黄色就多,蓝色差不多完全不要。我搞文学创作也采取类似的办法,如果承认我的作品有各种不同的性质,那原因可能就在这里。"

……

"我从来不曾为了写作而观察自然,只不过我早年画过风景画,后来又从事自然科学研究,这些都要求我不懈地认真仔细观察自然现象,以至于渐渐将自然界最细小微妙之处都烂熟于心,一当写作需要了便可随手拈来,难得犯违反自然真实的错误。"

——艾克曼《歌德谈话录》

过分多产损害创作才能的发挥

"他胆量真大,一年竟写了两出悲剧和一部长篇小说,而且看样子写作只为挣大钱,像这样干怎么可能不越写越差,怎么可能不把宝贵的才华葬送掉。我责骂他绝不因为他努力想富起来,想博取现时的声誉;可是,他如果希望名传后世,就必须从此开始少写一点,多工作一点。"

——艾克曼《歌德谈话录》

画家不能没有师承

"这幅水彩画达到了很高的水平,可有些头脑简单的人却说什么,罗伊特尔在艺术上不欠任何人的情,他完完全全靠的是自己。仿佛除了愚蠢和笨拙,全靠自己还能有别的什么似的!这位艺术家即使没有任何叫得出名字来的师傅,那他总跟一些杰出的大师打过交道,总会向他们和伟大的前辈以及无所不在的大自然学习,然后才自成一家的吧。自然给了他卓越的天赋,艺术和自然又一起培养了他。他是杰出的,在某些方面独树一帜,可尽管如此仍不能讲,他一切全靠自己。对一个极端疯狂和毛病特多的艺术家,倒真可以讲一切全由于他自己;对一位杰出的艺术家却不好这么讲。"

——艾克曼《歌德谈话录》

天才不能自生自长,自我隔离,而应该拜在大师门下学艺

一次女士们在席间称赞一位年轻画家画的一幅肖像,说什么:"真是不简单哩,他全都是自学的。"

"看得出来,这小伙子是有才能;不过呢,他完全自学不该受称赞,而该挨责骂。天才不能自生自长,自我隔离,而应该拜在大师

门下学艺,在大师调教下真正有所出息。最近几天我读了一封莫扎特的信,信中对一位寄乐谱给他的男爵说了如下的话:'我不得不骂你们这些半吊子作曲家,因为通常你们都有两个问题:要么你们没有自己的思想,于是就抄别人的来用;要么你们有自己的思想,却不知道如何表现。'不是一语道破了么?莫扎特有关音乐的至理名言,不适用于所有艺术门类么?"

——艾克曼《歌德谈话录》

幻想自有其规律,不可能也不应该受理性的干预

"任随德国的评论家们发些什么令我惊讶的高论吧,我怀疑他们有足够的自由精神和勇气,能对此忽略不计。理性之于法国人犹如路上的绊脚石;他们想不到幻想自有其规律,这些规律不可能也不应该受到理性的干预。即使通过幻想产生的事物在理性眼里永远都成问题,幻想也不必太当回事。这就是诗歌有别于散文的地方;散文总是由理性当家,也乐意和应该让理性当家。"

——艾克曼《歌德谈话录》

我曾把建筑艺术称作凝固的音乐

"我在我的文件中发现了一份手稿,在那里边我曾把建筑艺术称作凝固的音乐。现在想来也真的不无道理;由建筑传达出的情绪,确实与音乐的效果近似。"

——艾克曼《歌德谈话录》

文学里肯定存在一些魔性

"文学里肯定存在一些魔性,尤其是在所有的理智跟理性都不大管用的无意识的方面,所以文学的影响也就超出了理解的范围。

"类似的情形在音乐中达到了极致,因为音乐更加莫测高深,

完全不容理智靠近它,它所产生的影响会控制一切,谁也不可能明白自己为什么会这样。宗教仪式因此也少不了音乐;它是能对人产生奇妙影响的主要手段之一。"

——《歌德谈话录》

你没法找到一位诗人

你没法找到一位诗人,
他不自诩为诗坛翘楚,
你没法找到一位琴师,
他不偏爱自制的乐曲。

我不能因此责怪他们:
难道我们给别人赞誉,
自个儿必定会掉份儿?
别人活,你不照样生存?

在某些豪华的接待厅,
我却偏偏发现有些人,
他们的嗅觉如此迟钝,
竟老鼠屎与胡荽不分。①

破旧的扫帚总是憎恨
结实又好使的新扫帚;
新扫帚同样不肯承认,
从前还有过别的扫帚。

有两个民族各行其是,②

---

① 胡荽是一种香料。
② 指德、法两个民族长期不和。

你鄙视我,我鄙视你,
没有谁愿意承认事实:
他们的追求原本一致。

说别人既粗鲁又自私,
骂起人来一声接一声,
殊不知正是他们自己,
对别人成就愤愤不平。

这真正是滥用诗歌

"那里边是些什么玩意儿哦,你不会相信的,全都那么哼哼唧唧,活像诗人们一个个都是些病人,整个世界是座医院。谁都在诉说人世的烦恼和苦难以及彼岸世界的欢乐,谁都不满自己现实的境况,还相互助长着心里的不满。这真正是滥用诗歌,因为诗的作用原本就在平复我们生活中的小小怨恨,使人对世界和自身的处境感到满足。然而眼下这一代人惧怕任何真实有力的东西,只对软弱感觉称心,只有无病呻吟让他们觉得有诗意。

"为了激怒这些先生,我想出来一个很好的词。我想称他们的诗为'伤兵医院的诗';相反称真正的诗为'提尔托伊风的诗'[①]。后者不光像战歌似的雄壮嘹亮,还要鼓起人们生活斗争的勇气。"

——艾克曼《歌德谈话录》

论批评难于创作

"安培先生站得很高,德国的评论家遇上类似情况总是从哲学入手,评论一部文学作品所用的方法使他们的评论只有自己那一

[①] 提尔托斯风的诗(tyrtäische Poesie),意即雄浑而富有战斗精神的诗,因古希腊的战争抒情诗人提尔托斯而得名。

派的哲学家读得进去，其他读者会觉得甚至比被评论的作品更加晦涩难懂。安培先生不同，完全是实事求是的，平易近人的。他是一位文学评论的行家，善于揭示作品与作家的血缘关系，懂得把不同作品当做作家不同生活时期的不同成果加以评介。

"他深入研究了我曲折多变的尘世经历和内心状态，甚至能够窥见我不曾说出的东西，也即所谓只是隐藏在字里行间的东西。他说得太对啦，初到魏玛为宫廷效力的十年，我可以讲无所作为，以致绝望得逃到意大利，在意大利重新获得创作的乐趣，抓住了塔索的故事这个适当的题材，并以写这个题材帮助自己获得解脱，忘掉了我对魏玛仍然挥之不去的讨厌印象和痛苦回忆。他因此很有见地地称《塔索》为提高了的《维特》。

"随后谈到《浮士德》，他的见解同样很精辟，他指出不仅主人公阴郁而无厌的追求是我本人生性的一部分，还有靡非斯托的讥诮和尖酸刻薄也是。"

——艾克曼《歌德谈话录》

国家的不幸就在于，没有谁愿意老老实实干好自己的事

"国家的不幸就在于，没有谁愿意老老实实干好自己的事，人人都想施政掌权。文艺界也是，谁都不肯欣赏已经成功的作品，而非要自己动手重新创作。

"还有，没人想到可以通过学习别人的作品提高自己，而是谁都希望马上创作一部同样的作品。

"再就是没有顾全大局、以大局为重的认真负责精神，而是只想个人出风头，在世人面前尽可能地表现自己。这种错误倾向无处不见，而始作俑者就是新近受到追捧的音乐大师，他们不选那类听众能获得纯净音乐享受的曲目来演奏，而偏偏选一些演奏者能够炫耀技巧、博取喝彩的曲子。到处看见的都是突出个人，哪儿也找不到个人服从全局、为事业真诚奉献的努力。

"结果就是,人们在创作中养成了粗制滥造恶习而不自知。还是小孩儿已经在写诗啦,一个劲儿写下去,到了青年就以为真能干出些名堂,直至成年后才恍然大悟,知道了现存的杰作是什么样子,再回头看看自己走冤枉路所浪费的光阴,便禁不住心悸心惊。

"是啊,许多人永远认识不到杰作之完美和自身之不足,直至终老都在制造一些半吊子的东西。

"设若每个人都能及早意识到世界已经充满杰作,要创作出足以与之媲美的作品需要满足怎样的条件,那可以肯定,在现有的一百位文学青年中,很难有一位还会觉得自己具备足够的毅力、天才和勇气,能够心情平静地继续去争当同样的大师。

"许多青年画家如果及早了解了一位像拉斐尔那样的大师究竟创作了些什么,他们就会永远不会再拿起画笔。

"比如我实际从事造型艺术的志向就是错误的,因为我不具备这样的天赋,也没法发展出这样的天赋来。对于周围的自然我是具有一定的敏感,因此最初的绘画尝试也挺有希望。到意大利的旅行破坏了这一实践的乐趣;眼界扩大了,备受珍爱的绘画技能却丢失殆尽,由于艺术天才不是靠提高技术和审美修养所能发展起来的,结果我的努力便化为了乌有。

"人们说得对,要全面培养人的能力,包括最优秀的品质,可是,人生来并非如此,人人只能发挥其特长,只不过应该努力理解人类的含义。"

——艾克曼《歌德谈话录》

人只适宜于待在他出生和生长的环境里

"归根到底,人只适宜于呆在他出生和生长的环境里。要是没有重大的追求,他呆在家里会幸福得多。瑞士一开始给我留下了极强的印象,令我心神迷乱,坐卧不宁;直到去过多次,最后一些年纯粹用研究矿物学的眼光去看那些山,才开始平心静气地体验它们。"

——艾克曼《歌德谈话录》

论莎士比亚的伟大有赖于时代

"一位戏剧天才,如果他真正称得起天才的话,就不可能不注意莎士比亚,是啊,不可能不研究莎士比亚。可是研究的结果必然意识到,莎士比亚的作品已经穷尽整个人性的方方面面,已经做过最高、最深的发掘,对于他这个后来者,从根本上讲已没剩下任何可写的东西啦。谁要在灵魂深处意识到已经存在那样一些无比精湛的、不可企及的杰作,并对其心悦诚服,谁还能从哪儿获得勇气提起笔来呢!

"至于我,五十年前在亲爱的德意志祖国情况就好多啦。我很快浏览了现有的作品,它们没能让我长时间佩服,没有怎么妨碍我走自己的路。我很快将把德语文学和对德语文学的研究置之脑后,把注意力转向了自己的生活和创作。如此一步步前进,我的天赋便自然得到发展,便逐渐具备必须的创作能力,取得了一个阶段又一个阶段创作的成功。在我生活和发展的每一个阶段,我关于杰作的理念从来不超出我此一阶段的实际动手能力多少。可要是我生而为英国人,那年纪轻轻、刚一省事,就会让所有那些丰富多彩的杰作和巨著压得喘不过气来,根本不会再知道自己该干什么。我不会再那么轻松快活地往前走,而必定长久地思索,长久地左顾右盼,以便寻找一条新的出路。"

我把话题引回莎士比亚,说:"如果我们把他从英国文学中抽出来,单独放到德国进行观察,那我们就不得不惊叹他那巨人一般的伟大真是一个奇迹。可如果我们去莎士比亚的故乡寻访他,置身于他的国度的大地和他所生活的时代的氛围,再研究研究他的同代人和直接继承者,呼吸呼吸自本·琼生、玛森格、马娄、博芒和弗勒乔等人那里吹刮来的雄风,那么,莎士比亚伟大纵然伟大,可我们却会获得一个信念,那就是他创造的精神奇迹许多都并非不可企及,他的许多成就都得归因于他的时代和他生活那个世纪雄劲的创作风气。"

"你说得完全对,莎士比亚的情况如同瑞士的群山。如果将勃朗峰直接搬到一望平川的吕内堡大荒原,对它的高度你会惊诧得说不出话来。可要是你去造访它连绵雄伟的故乡,先越过与它相邻的一座座高峰,诸如少女峰、芬斯特阿尔霍恩峰、艾格尔峰、维特霍恩峰、果特哈特峰、玫瑰峰等等,再看见勃朗峰时虽然仍觉得是个巨人,但它却不会令我们惊诧莫名啦。

"谁要不肯相信莎士比亚的伟大许多都要归功于他那伟大、雄劲的时代,那他最好问问自己:在时至1824年的今日英国,在报刊的批评争吵闹得文坛四分五裂的糟糕时日,还可能出现莎士比亚似的令人惊叹的天才吗?

"那样一种不受干扰的、天然纯净的、患梦游症的创作状态,唯一能产生伟大作品的创作状态,完全不可能再有了。我们现在的所有天才,全都置身于向公众展示的托盘里。那五十多种全国各地出版的批评刊物,那由它们在公众中引发的鼓噪喧闹,不容许产生任何健康的东西。当今之世,谁要不完全退避开,强行自我隔离,谁就完啦。各类报刊拙劣的、多半唱反调的文艺评论,尽管也把一种亚文化普及到了民众中,但对于一个创造的天才却无异于妖氛,无异于毒液;它不断滴落到他创造力之树上并将其摧毁,从葱茏的绿叶到树心最深处的纤维。

"还有啊,经过了窝窝囊囊的两百年,生活本身也变得何等地驯顺和羸弱了啊!什么地方还能遇见一个富有个性的天才!什么地方还有谁能尽显他本色,让人看见他本来怎么样就怎么样!这反过来又影响诗人作家,他感到外界的一切已对他不再有吸引力,于是只好返回来求诸内心。"

——艾克曼《歌德谈话录》

谈《维特》的巨大影响

"它是这样一部作品,我可以说就像鹈鹕一样,用自己心中的血液哺育了它。它蕴涵着我内心那么多的情愫,那么多的感受和思想,足够写出十部同样长的小说呐。还有,我已一再说过,这本书出版以后我只重读了一次,时时小心别再去碰它。它纯粹是一堆火箭啊!一读它我心里就不自在,生怕再一次经历自己早已逃离的重病状态。"

我提出来,《维特》一出版便引起极大的轰动,其原因是否在时代呢。我道:

"人们普遍这么认为,我却不能苟同。《维特》产生了划时代的影响,原因就在它出版了,而不在它出版于某个特定的时候。每个时代都有那么许多不曾说出的痛苦,那么许多隐秘的愤懑不满和厌世情绪,每一个人身上都存在那么许多与世界的矛盾,那么许多个性与市民社会的冲突,在此情况下《维特》总是会引起轰动的,即使它直到今天才出版。"

"你说得很对呀,正因为如此,这本书今天和当初一个样,还影响着某一个年龄段的年轻人。我呢,当初也根本不必从时代的一般影响中,从我读过的这本那本英国小说中,去获得自己青春的苦闷。倒是个人切身的现实境况令我躁动不安,烦恼苦闷,把我置于自然会产生出《维特》的心境。我曾经生活过,曾经爱过,曾经忍受过许多痛苦!——这,就是问题之所在。

"进一步观察,人们谈论很多的'维特时代'自然与世界文化的进程无涉,相反倒与每个人的生活阶段有关;人天生喜欢自由自在,却不得不勉强适应、屈从一个已然腐朽的世界的种种规范。幸福遭阻挠,活动受拘束,愿望得不到满足,这些并非某个特定时代的毛病,毛病在每个人自己身上;要不是人人生命中都有一个感觉《维特》仿佛就是为他自己写的阶段,那才真叫糟糕呐。"

——艾克曼《歌德谈话录》

所有倒退的、行将就木的时代都是主观的

"我愿意向你解释一条规律,你将在生活中反复得到验证。就是所有倒退的、行将就木的时代都是主观的,反之一切前进的时代

都有着客观的倾向。我们当今时代整个处于倒退之中,因为它是主观的。这种情况你不只在文学中见得到,在绘画和其他许多艺术门类中也一样。相反,任何富有成效的努力都发自内心而面向外在的世界,如你在所有伟大的、真正积极进取的时代所观察到的那样;所有这些时代,都具有客观的性质。"

——艾克曼《歌德谈话录》

不存赢得一百万读者的希望,就该一行都别写

"人们总在讲原创性,可这到底有什么意义呢!我们一生下来,世界就开始影响我们,而且不断影响,直至生命结束。说到底吧,除了精力、体力和意愿,究竟有什么我们能称做是自己的东西呢!要是我能一一道出我从伟大的先行者和同代人身上得到的一切,那剩下的真就不多了……

"一般讲,人们只学习自己喜欢的人。例如向我学习的想法,我发现眼下正成长起来的青年才俊都有;然而在我的同时代人那里却很稀少。是的,我几乎不知道有哪一个重要人物,他看我完全顺眼。甚至对我的《维特》,他们也百般挑剔,我如果把他们批评的每一处都删去,整本小说便一行不剩啦。不过所有吹毛求疵都丝毫无损于我,因为个别尽管也属权威人士的主观判决,自然会受到群众的纠正。可不是吗,不存赢得一百万读者的希望,就该一行都别写。

"到今天公众已经争论了二十年:席勒与我谁更伟大?其实他们真该高兴啊,毕竟有两个家伙可以供他们争论。"

——艾克曼《歌德谈话录》

对于一座剧院的兴衰,最危险的莫过于它的领导层生活无忧无虑,票房收入是多是少对他们个人毫无影响

"莎士比亚和莫里哀想法也如此,他俩也首先用他们的剧院赚

钱。为了达到这个主要目的,他们孜孜以求的是使一切始终保持最佳水准,并且还与时俱进,给传统的好东西不断加进一些精彩的、有吸引力的新东西。《伪君子》遭禁演,对莫里哀是个沉重打击——但不仅是对于剧作家莫里哀,对于剧院经理莫里哀也一样,他必须考虑一个大剧团的出路,必须看看上哪儿去为自己以及自己领导的演职员弄面包吃。

"对于一座剧院的兴衰,最危险的莫过于它的领导层生活无忧无虑,票房收入是多是少对他们个人毫无影响,一年中他们因票房减少的收入到年终反正有其他来源补偿。人生性如此,只要不受利害驱使,就容易松懈下来。现在尽管还不能要求像魏玛这样一座小城的剧院自给自足,不需要每年再从公爵的国库领取补贴。但是一切都得有自己的目标,自己的限度;每年多赚或者少赚几千塔勒尔,决非等闲小事,特别是因为收入减少和经营变差自然相伴而行,也就是说失去的不光是钱,同时还有声誉。

"我要是大公爵,等将来调整监管人的时候,就会一劳永逸地给每年的补贴规定一个数目;我会从最近十年的补贴算出一个平均数,然后再略略加以减少,得出一个足以像样地维持运转的钱数。剧院经理必须用这笔钱进行经营。——然后我再前进一步,说:经理和他的导演们如果领导得力,经营有术,到年终票房有了盈余,那这多出来的银子就用于给经理、导演和工作表现最优异的台柱子们发奖金。到那时你看看,人们将怎样干劲十足,剧院将怎样摆脱已逐渐陷入的瞌睡状态。"

"我们的剧院管理条例尽管有各式各样的惩罚规定,却缺少了一条,就是没有对成绩优异者的鼓励和奖赏。这是一个大缺陷。因为既然我每出一点错都担心可能扣工资,那么如果我干得超过了对我的预期,就必定也希望获得奖励。要是人人都做得比要求和希望的更多,那剧院自然会兴旺。"

——艾克曼《歌德谈话录》

我不看重华美的布景,靓丽的服装,
而非常重视好的剧本
——谈用好剧本培养演员和观众

"我不看重华美的布景,靓丽的服装,而非常重视好的剧本。从悲剧到闹剧,任何形式我都认可;只是剧本必须像样,否则别想我开恩批准。它必须大气、感人、爽朗、优雅,无论如何也得是健康的,并有某种坚实的内核。反之,一切病态的、羸弱的、哭哭啼啼的、多愁善感的,以及一切恐怖的、残忍的、伤风败俗的,都被我永远排除在外;我担心这些玩意儿会毁了演员和观众。

"我用好的剧本提高演员嘛。因为老是排高尚的东西,演高尚的东西,必然会使一个人出息起来,只要这个人没有被老天抛弃。再有,我与演员经常保持个人接触。我知道他们对台词,给每一个人分析他的角色;我出席彩排,和他们讨论某个环节如何改进;公演时我从来不缺席;发现有什么不足之处,第二天全部一一指出。

"就这样,我使他们的技艺得到了长进。——还有,我还努力提高演员在社会上的地位,办法是让他们中最优秀的和最有前途的进入我的交际圈,以此向世人显示我尊重他们,认为他们值得我亲密交往。这样一来,魏玛上流社会的其他人也不甘落后,男女演员们于是很快体体面面地进入了高尚的社交圈子。所有这一切努力,必然使他们获得里里外外的良好修养。我在柏林的学生沃尔夫,还有咱们的杜兰特,都成了举止优雅得体的人。欧勒斯和格拉夫先生更是富有修养,足以给最最上流的交际场合增光添彩。

"席勒本着与我同样的准则行事。他跟男女演员们交往也很多。他跟我一样排练也总是到场,每次演出后也习惯于邀请他们去他家,和他们一块儿度过有意义的一天。大伙儿一起享受成功,一起讨论下一次演出可有什么须要改进。只不过,席勒一来到魏玛,就发现咱们的演员和观众修养水平已经相当高;这一点,不可否认,帮助了他的剧本迅速取得成功。"

——艾克曼《歌德谈话录》

儿童需要游戏,年轻人需要找乐子

"五十年前跟现在一样,五十年后也很可能不会两样。一个年轻人写的东西,也最为年轻人欣赏喜爱。可别想什么世界文明已经进步啦,欣赏水平已经提高啦,甚至年轻人也已超越那样野蛮的时代!就算是整个世界已经进步,年轻人却总是必须从头开始完成自己对世界文化各个时期的个体体验。我不再会为这类事激动,我很早就写了下面这样一首诗:

让夏至的篝火烈焰熊熊,
让人间的欢乐无尽无穷!
是扫帚总归扫到被废弃,
小年轻总归一茬茬出世。

只须瞅一瞅窗外,我眼前便会出现正在扫街的扫帚和跑来跑去的孩子,前者是总归会用得被废弃掉的象征,后者是世界永远不断更新的象征。儿童需要游戏,年轻人需要找乐子,这是代代相传,亘古不易的铁则;不管他们在上了年纪的人看来有多么荒谬,孩子却永远是孩子,在所有的时代都很相似。因此不能禁止过约翰尼斯篝火节,毁掉可爱的孩子们的欢乐。"

——艾克曼《歌德谈话录》

把剧作的灵魂变成民族的灵魂
——谈戏剧对民族精神的影响

"一位伟大的剧作家,他如果既富有创造力,又思想高尚、博大,并能使自己的思想贯穿所有的作品,那他就可能把剧作的灵魂变成民族的灵魂。我以为,这是一个值得付出辛劳的事业。高乃伊就产生过足以造就英雄心灵的影响。这对正好需要一个英雄民族的拿破仑非常重要;所以他说,要是高乃伊还活着,他就要封这位剧作家当国王。因此,一位了解自身使命的剧作家就应该不断提高人格修养,以使自己对民众产生的是良好而高尚的影响。

"我们应该学习的不是同时代的作家和竞争者,而是以往时代的伟大人物,他们的作品历经数百年而价值不减,光彩依旧。一个真正资质非凡的人自发地就会感到学习古人的需要;而这种与伟大先辈交流的需要本身,反过来又是一个人禀赋超群的表现。要学习莫里哀,要学习莎士比亚,但首先要学的是古希腊人,永远是古希腊人。"

——艾克曼《歌德谈话录》

如果我没有通过预感事先在心中装着世界,那将始终是个睁眼瞎子
——谈天赋与预感

"我创作我那部《葛慈·封·伯利欣根》时还是个二十二岁的小青年,十年后真惊讶我写的竟那么真实。谁都知道我不曾有过类似的经历和见闻,所以我必定是通过预感认识了复杂纷繁的人事情景。

"一般说来,在认识外部世界之前,我先只喜欢表现自己的内心世界。后来,等我在现实中发现世界确实像我想象的样子,它就令我生厌,我再也提不起兴致去表现它了。是的,我想讲:如果我长期等待,直到认识了世界才去表现它,那我写出来的就只能是对现实的戏拟喽。"

"所有人的性格中都存在一定的必然性,一定的倾向,和这种那种基本性格特征同时并存的还有一定的次要特征。经验足以教人认识到这一点,但是也有少数的人这种认识与生俱来。在我身上天赋与经验是否得到了结合,我不想追究;只不过我知道:我和谁只要谈上一刻钟的话,就足以让他在作品里讲两个小时。

"爱与恨,希望与绝望,以及心灵其他种种称呼的状态和情感,天生属于诗人的领地,也能让他成功地表现。但是如何开庭断案,或者如何参加议会,如何给皇帝加冕,他便并非生来就了解;要想描写这些事情不违背真实,诗人就必须通过自身的阅历或者吸取前人的经验学习掌握它们。例如写《浮士德》我能通过预感,很好地把握主人公悲观厌世的阴郁心理,还有格莉琴热烈的爱情感受;但为了写例如:

　　天空中升起红色的残月,
　　那么悲凉,那么冷清黯淡……①
就须要亲自观察自然。"

"可是,"我接过话头,"整部《浮士德》里没有一行不带着悉心研究世界和人生的鲜明痕迹;读者怎么也不会想,您没有极其丰富的人生体验,一切全是上天所赐。"

"可能吧,不过如果我没有通过预感事先在心中装着世界,那将始终是个睁眼瞎子,一切的研究和体验都只会劳而无功,白费力气。光存在着,颜色包围着我们;可如果我们自己眼里没有光和颜色,那我们也就不会发觉身外的这类东西。"②

——艾克曼《歌德谈话录》

谈同一大师的画作无所谓优劣高下

"一位画家一旦达到了艺术精湛的一定高度,那他的这幅作品是不是超过另一幅作品,几乎就无所谓啦。在他的每一件作品里,行家总是能见到大师的手笔,以及大师的全部天才和全部艺术手腕。"

——艾克曼《歌德谈话录》

---

　　① 引自《浮士德》第一部《瓦普几斯之夜》一场。
　　② 歌德这些谈话有夸大预感(Antizipation)作用之嫌,似与以前强调创作要以实践为本的提法矛盾。

为演出写作是一件特别的事情

"为演出写作是一件特别的事情,谁要不是对它了如指掌,谁就最好别干这事。一件有趣的事情,人人都以为搬上舞台也必定有趣;才不是呐!——可能有某些东西读起来挺有意思,想一想也挺有意思,然而搬上了舞台却完全成了另一个样子;书本上深深打动我们的东西,没准儿到了舞台上会让我们无动于衷。有人读了我的《赫尔曼与多罗苔》,就想也可以看它演出。托普费尔①就受此诱惑,把它搬上了舞台;可结果怎样呢,效果如何呢,再加上演员的表现也差强人意,谁又能说从方方面面评判这都是一出好戏呢?——为剧院写作是一个特殊的行道,要求操此行道的人真正了解它,并且具有必须具有的天才。这两样都挺稀罕;如果不是两者兼备,几乎就不可能有好的作品出现。"

——艾克曼《歌德谈话录》

把书中的情节修改再版,必然会给作品带来损害

"我得到一个教训:一位作家把书中的情节修改再版,即使艺术上出色得多了,都必然会给作品带来损害。我们总乐于接受第一个印象;人生来如此,即使最荒诞离奇的事,你都能叫他信以为真,并且一下子便记得牢牢的;而谁想去挖掉这个记忆,抹去这个记忆,谁就自讨苦吃!"

——《少年维特的烦恼》

演员就该向雕塑家和画家学习

"演员就该向雕塑家和画家学习,例如要他扮演一位希腊英雄

---

① 托普费尔(K.Töpfer, 1792—1871),德国喜剧作家。

吧,他就必须好好研究一下那些传承给我们的古希腊雕塑,好好记住这些雕像的坐姿、站姿和行走姿态,并领会其魅力究竟在何处。

"光研究雕塑的体态还不行。他也必须勤奋研读古代和现代最杰出的作家,以大大提高自己的精神境界;这不只能帮助他更好地理解角色,还将使他的整个气质、整个风度变得高雅……"

——艾克曼《歌德谈话录》

艺术真正的生命,也正在于把握和表现个别特殊的事物

"对你的诗我只想再说两句。你现在已经到了必须有所突破的转折点,必须进入艺术真正高、难的境界,也就是必须能够把握个别特定的事物。你必须奋力从观念中挣扎出来;你有天赋,功底也非常好,现在就必须突破。前几天你去了提弗特郊外;①我要你再去,并把这作为你的任务。你也许还可以去观察提弗特三四次,直至看出它本质的方面,并搜集好所需的全部母题(Motiv)。别惧怕艰苦,好好研究一切并将它们表现出来;题目本身值得你这样做……

"艺术真正的生命,也正在于把握和表现个别特殊的事物。

"还有,如果我们只限于表现一般,那么谁都可以来模仿;可个别特殊的东西却没人能模仿。为什么?因为其他人没有同样的经历体验。

"也不用担心具体特殊的东西引不起共鸣。任何个性,不管它多特别,任何事物,从石头到人,都具有共性;须知一切都会有重复,世界上不存在任何只出现一次的东西。

"到了表现个别特殊的阶段,所谓的布局(Komposition)也就开始了。

"还有,你写成了每一首诗,都要在后面注上日期。"我不解地

---

① 魏玛老公爵夫人安娜·阿玛丽亚在城市南边的夏宫所在地,其林苑中的自然风光十分优美。

望着他,想知道这为什么如此重要。他于是补充道:"如此一来它便同时可以当你的日记。这并非无足道的小事啦。我多年坚持这样做,知道多么有意义。"

——艾克曼《歌德谈话录》

谈哲学思辨有碍席勒的文学创作,感伤的诗与质朴的诗

"席勒让我感觉得特别,我是怀着真正的热爱和赞赏,读了他那些大剧本的有些个场次;可是接下来就遇到违反自然真实的情况,叫我读不下去了。就连《华伦施坦》我也有同样的感觉。我没法不相信,是希腊的哲学倾向损害了他的文学创作;他的哲学倾向使他走得这么远,竟把观念看得高于整个自然,以至于消灭了自然。凡是他想得到的,就必须发生,也不管这符合自然或是违反自然。

"一个如此才华出众的人,从自己的哲学思维方式得不到丝毫好处,反而长期为其所苦,看着真是叫人痛心啊。他在受玄学思辨困扰的时期给洪堡写过几封信,洪堡把信给我捎来了。[1]从信里可以看出当时他如何伤透脑筋,想把感伤的诗和质朴的诗截然区别开来。可结果找不到感伤的诗根基何在,他自己因此也陷入了难言的困惑。他这么干给人一个印象,仿佛感伤的诗没有其所产生的质朴基础,单单本身也可以存在似的![2]

"在一定程度上无意识地仅凭直觉行事不是席勒之所长,相反,他做任何事情都要反复思考。不管原因何在,他总是没完没了地琢磨自己的写作计划,把它们谈过来谈过去,以致晚年的所有剧作都跟我一幕一幕地讨论过。

---

[1] 亚历山大·洪堡和威廉·洪堡两兄弟都是歌德的朋友,此处指哲学家和教育家威廉·洪堡。

[2] 感伤的诗(sentimentale Gedichte)和质朴的诗(naive Gedichte,朱光潜等先生译为素朴的诗),是席勒用以区分近代浪漫主义诗歌和古典主义诗歌的术语;前者偏重感情抒发近乎多愁善感,后者强调自然、质朴有如现实主义。

"我生性正好相反,从不和人谈自己打算写的东西,即使是和席勒。我把一切悄悄藏在心上,通常是不到大功告成,谁都什么也不知道。想当初,我把已经成书的《赫尔曼与多罗苔》放在席勒面前,①令他着实吃了一惊,因为关于写这部叙事诗的打算,事先我未曾对他吐露一个字。"

——艾克曼《歌德谈话录》

风格乃是一个作家内心最真实的写照

"总的说来,哲学思辨妨碍了德国作家,常常给他们的风格注入了一种晦涩难解、宽泛散乱的性质。他们越沉迷于某些特定的哲学派别,写得也就越坏。而那种事业和生活型的德国作家,他们只看重实际,写得就再好不过。就说席勒吧,我正在研究他的书信,恰好今天从他一些极为重要的信中看出,他只要抛开哲学,他的风格就漂亮极了,有力极了。

"同样的道理,在德国女作家中有些个天才,她们的风格真叫棒,甚至可以讲超过了我们某些广受赞誉的男作家。

"英国人通常都写得很好,他们是天生的演说家和重现实的实践家。

"一般地讲法国人也文如其人。他们爱好交际,说起话来从不忘记自己的听众,写文章力求明白易懂、有说服力,而且还要优美动人。

"整个而言,风格乃是一个作家内心最真实的写照;谁想使作家的风格清清亮亮,他内心先就得清清亮亮;谁想写得超凡脱俗,他自己的品格就得超凡脱俗。"

——艾克曼《歌德谈话录》

---

① 《赫尔曼与多罗苔》是歌德的一部叙事长诗。艾克曼所记可能有误,歌德提到的应该是他另一部剧作《私生女》。

坚持画与自己禀性相近的题材

"它们那么呆板,那么蠢笨,那么懵懵懂懂,那么傻张着嘴,叫我看了不能不产生同情。我真害怕自己会变成这样一头动物,并差不多相信画家本人曾经就是一头羊。反正是极端令人惊讶呐,他怎么会钻进羊们的灵魂,深入体会它们的思想感情,以致能通过外表把它们的内在性格如此真实地展现在我们眼前。由此可见,如果坚持画与自己禀性相近的题材,一位伟大天才会取得怎样的成就。"

"这位画家难道没有同样真实地也画过狗、猫和猛兽吗?"艾克曼问。"是啊,他如此善于体察其他动物的内心状态,有没有也同样忠实地表现过人物的性格呢?"

"没有,这些全都超出了他的范围;反之,那类驯顺的吃草动物,如像绵羊、山羊、奶牛等等,他却永不疲倦地画了又画——这本是他一生一世都不会离开的天才领地嘛。他这样做好极了!与羊一类动物的同感在他与生俱来,他自然而然地了解它们的心理情感,对它们的体态外表同样生就一双敏锐的眼睛。别的生物相反也许就不那么容易让他看透了,因此要画它们他既缺少天赋,也没有激情。"

——艾克曼《歌德谈话录》

谈拘泥历史细节有碍席勒的戏剧创作

"我最近不是告诉你,身为历史学家对咱们的诗人写这部小说很有帮助,可现在读到第三卷,却发现历史学家坏了诗人的事,因为曼佐尼先生突然脱掉诗人的袍子,有好一阵成了一个赤裸裸的历史学家啦。具体讲是在描写战争、饥荒和瘟疫的时候;这些东西本来已经令人讨厌,现在再经干巴巴的编年史似的繁琐细节描写,就更叫人受不了哦。德语译者有必要设法去除这个错误,有必要缩减战争描写的一大部分,瘟疫描写的三分之二,只留下为交待清楚人物关系所必需的那么多。曼佐尼身边要是有个朋友给他提建议,这样的错误原本很容易避免。可身为历史学家,他太敬畏现实。这对他的戏剧创作已带来麻烦,可他想办法解决了,用注释交待多余的历史素材。可在眼下这部小说里他却无计可施,没法割舍掉丰富的历史材料。这可就怪了。然而一当人物重新登场,诗人又开始大放异彩,迫使我们又不得不一如既往地对他表示叹服。"

……

"曼佐尼天生是个诗人,就跟席勒一样。然而我们的时代太糟糕了,诗人不再有其他有用的天赋,足以适应他们生存的社会环境。为了奋发有为,席勒采取了两个辅助手段:哲学和历史;曼佐尼仅有历史。席勒的《华伦斯坦》如此伟大,不可能再有堪与比肩的作品;但是你会发现,正是那两大辅助手段,在剧中的不少地方挡了道,妨碍了纯粹的诗意发挥。曼佐尼呢吃亏就在历史的比重太大。"

——艾克曼《歌德谈话录》

作家应该把握特殊,在特殊中表现一般

"作家应该把握特殊,只要这个特殊是健康的东西,他就可以在特殊中表现一般。英国的历史非常适合用文学来表现,因为它是有为的、健康的,从而也是一般的和重复出现的。法国的历史则不然,它不适于文学表现,因为仅仅是一个不会再出现的生活阶段。这个民族的文学既已扎根在那个时代,就只能作为随着时间的推移而老化过时的特殊而存在。

"有多少定义好下啊!对现实情景有鲜活感受又能将它表现出来,就能成为作家。"

——艾克曼《歌德谈话录》

七　立身行事

精神清朗、才华卓著的人却从不狂妄

"一切精神与身体生来健壮的人通常都是最谦逊的人,反之所有身体特别是精神有缺陷的人,更容易属于狂妄自负的一类。看来好心的自然为安抚受了它亏待的人们,给了他们一个平衡和补偿的手段,这就是自负跟狂妄。

"此外,谦逊和狂妄乃是高度精神性的伦理现象,跟身体没有多少瓜葛。狂妄常见于褊狭和精神迷茫的人;精神清朗、才华卓著的人却从不狂妄。后一种人充其量会对自己的才能沾沾自喜;可由于这才能实际上存在,所以他们的喜悦心情就完全跟狂妄沾不上边儿。"

——艾克曼《歌德谈话录》

一个善良的人如果又有才华,总是能以德济世

"一个善良的人如果又有才华,总是能以德济世,不管他是成了艺术家、科学家、诗人,或是别的什么。"

——艾克曼《歌德谈话录》

只要人能够战胜恐惧,就能够战胜黑死病

"还有说他常穿阿拉伯服装也有些牵强。他只不过在家里唯一一次这么乔装打扮过,让家里人看看他这么穿像不像样。然而他不适合缠头巾,正像所有长脑袋的人缠头巾都不合适,所以这套服装他再未穿过。不过他确实去看望过黑死病人,而且这样做是为了以自己的例子表明,只要人能够战胜恐惧,就能够战胜黑死病。而他是对的!我可以讲自己的一次经历,有一年热病流行,我呢却不得不冒被传染的危险,结果就单凭自己坚强的意志抵抗住了疾病。在这类情况下意志品格多么有用,真是难以置信。它仿佛能渗透你的躯体,使其进入足以抗拒一切有害影响的积极状态。相反恐惧却是一种怠惰、虚弱和敏感的状态,任何敌人都容易将其控制占据。拿破仑很了解这一点,他知道自己必须无所畏惧,才能够给他的大军以身作则。"

——艾克曼《歌德谈话录》

关键是要学会控制自己

"一般都会怎么去,怎么回来,是啊,一定要防止带回来一些不切实际的有害想法。例如我就从意大利带回来了楼梯得漂亮的观念,照此办理显然会毁了我的房子,因为它所有的房间开间都小了,容不下那样的楼梯。关键是要学会控制自己。如果由着我自

己的性子来,我真想把自己和周围的一切都毁掉。"

——艾克曼《歌德谈话录》

对巴拿马运河和苏伊士运河的预言

"洪堡作为富有专业知识的行家里手,还提出了另外一些开凿点;在这些地方可以利用注入墨西哥湾的河流,也许比在巴拿马地岬更便于达到同样的目的。这一切都是未来的事情喽,就留给有雄心抱负的后来人去完成吧。不过有一点可以肯定,这样一条运河一旦开凿成功,任何吨位的客轮货轮都可以从墨西哥湾通过运河直接驶入太平洋,由此而对于整个文明人类产生的好处将不可估量。要是美利坚合众国从手边白白放过了这样一个工程,我可就太惊讶啦。可以预见,这个急欲西进的年轻国家,在三四十年间还会在落基山脉以西占据大片土地进行殖民。——还可以预见,太平洋沿岸原本已拥有许多宽阔而安全的天然良港,将来还会逐渐崛起一个又一个大商埠,成为沟通合众国与中国包括东印度之间贸易的中介。到了那时,美国的商船和军舰在东西海岸之间迅速往返,而不像迄今为止那样既费时、无聊又花钱地绕道好望角,就不单是人们的希望,而已经成为必需。我重申一遍:对于美利坚合众国来说,为自己开凿一条从墨西哥湾直达太平洋的通道,绝对势在必行;我并且深信,它能够成功。

"我希望活着见到这一天,但我办不到。我还想经历和见到的是,在多瑙河与莱茵河之间,建成一条运河。不过这一工程同样浩大,我怀疑能否完成,特别是考虑到德国的资金情况。最后也是第三,我希望看见英国人有一条苏伊士运河。这三大工程我都想经历,为此而再活个五六十年,我想即使苦撑苦捱也是值得的。"①

——艾克曼《歌德谈话录》

---

① 这篇谈话说明已届高龄的歌德对世界范围内的科技进步极其关心,深为向往,并颇有预见性,所谈及的三大工程除了多瑙-莱茵运河受阻、迁延,其他苏伊士运河和巴拿马运河分别于 1859—1869 年和 1879—1914 年完成了。

这便是三千年的文明史

法国人也罢,英国人也罢,
意大利人或德意志人也罢,
这人那人全都一个德性,
什么对他有利他就干啥。

须知他既不会称赞众人,
也不会承认某人的德行,
要是这样不能突出自身,
而且效果显著,立竿见影。

只要坏事今天还有得干,
能够赚取来足够的利润,
好事那就可以推到明天,
让思想高尚的人去完成。

这便是三千年的文明史,①
谁不会正确地总结、认识,
谁就只能永远蒙昧无知,
就将虚度光阴,日复一日。

歌德谈他的反对者

"他们的人数足足一个军团,可尽管如此也不是不可能大致分一分类。

"首先是我所谓愚蠢的反对者,这类人读不懂我,对我指指戳

---

① 一般认为欧洲已有三千年左右的历史。

戳,却不知道我是怎么回事。他们数量可观,经常搞得我的生活挺无聊;不过应该原谅他们,因为他们自己并不知道在干什么。

"接着由我的嫉妒者组成了第二个大的群体。这种人不愿看见我幸福,不乐意我享有我凭才干赢得的崇高地位。他们拽住我的荣誉撕啊扯啊,真恨不得吃了我。只有我遭到不幸,可怜巴巴,他们才会罢休。

"再后面是另外一大批人,他们由于自身缺少成就而与我为敌。这类人中也有一些才智之士,他们不能原谅我只是因为我遮挡了他们的光辉。

"第四类我称为我有缘由的反对者。因为嘛我是一个人,是人便有人的弱点和错误,我的作品也免不了有弱点和错误。只不过呢我认真提高自己的素养,不断努力完善自己的人格,不懈益进,自强不息,所以常常就会出现这样的情况:某个错误缺点我老早就改正了,他们却还在那里指责我。这些好人呐对我的伤害微乎其微:我已经跑出去十里八里远,他们才在我背后放炮开枪。已完成的作品我一般不怎么在乎;我不再理睬它们,而是立刻考虑写新的东西。

"还有一大群是我不同思想方法和观点的敌人。人说一棵树上几乎没有两片完全一样的叶子,那么一千人里同样也找不出两个思想观点和方法和谐一致的人。以此为前提,那我就不奇怪跟我作对的人数那么多,倒惊讶我竟有如此众多的朋友和拥戴者。我的整个时代与我分道扬镳,因为它完全朝向主观,我却努力朝客观奔去,所以就备受责难,孤独无助。

"在这一点上席勒可比我强多了。一位好心的将军曾经相当明显地暗示我,我不妨学一学席勒。我于是才对他细细分析席勒的贡献,因为我比他更了解它们。我在自己的道路上静静往前走,不再计较成败得失,并且尽可能少去理会我所有的反对者。"

——艾克曼《歌德谈话录》

精神绝不能屈服于身体

"精神对维持身体状况能有多大的影响,简直难以置信。我常常患腹痛病,全靠意志和上身的力量坚持着正常生活。精神绝不能屈服于身体!我在气压高的时候比气压低的时候工作起来轻松一些;既已了解这点,我就更加提起精神来抵消不利影响,结果总是成功。

"然而在创作中有些东西却勉强不来;因此,那种凭意志力写不出的作品,就只能等情况好的时候去写……"

——艾克曼《歌德谈话录》

作为领导者,"我必须警惕两个危险的敌人……"

"许多事都须要严厉才办得到,更多地则通过友爱;但是,最有效的还是通达世事,公正无私,不管对谁都一个样。

"在此我必须警惕两个危险的敌人。一个敌人是我太爱才,它容易使我掉进偏袒的陷阱。另外一个我不想说,但你一定猜得到。在我们剧院里有不少既年轻貌美,又极富内在魅力的女性。——我感到她们中的一些深深吸引着我,也不乏乐意走一半路来迎合我的人。只不过我克制住自己,对自己说:别再往前去了!——我清楚自己的地位,知道自己在这个位子上担负的职责。我在这里不是个普通人,而是一家机构的首脑;对我来说,这个机构的发达兴旺,比我个人一时半会儿的幸福更加重要。我要是堕入了情网,那就会像一只旁边摆着块磁铁的指南针,指起方向来便不可能正确啦。

"反之,我绝对洁身自好,始终能够自持,也就始终能够主宰剧院;因此我从不缺少大伙儿对我的必要尊重,没有这样的尊重,任何权威都会立马化为乌有。"

——艾克曼《歌德谈话录》

人们忘记了,科学原本就发展自文学

"没有任何地方的人愿意承认,科学与文学二者可以结合起来。人们忘记了,科学原本就发展自文学……"

——艾克曼《歌德谈话录》

解说

歌德这一独到、深刻的思想,也证明歌德是一位超凡脱俗的文艺美学家兼自然哲学家。

你以为口口相传的事真那么有用又可靠?

你以为口口相传的事
真那么有用又可靠?
传言哦!你这傻子!
多半也是胡编乱造。
首先进行分析判断,
用你已抛弃的理性,
唯有它能将你拯救,
使你摆脱轻信之链。

谈外语学习的环境条件

"您做得很对,为了学德语,您来到了我们这儿;在这里您不只学起语言来快速而且容易,还可以把语言的各种基础知识,诸如我们的国土、气候、生活方式、民情风俗、社交礼仪、典章制度等等,作为精神财富带回英国去。"

——艾克曼《歌德谈话录》

一个好译本通常会让人获益匪浅

"再说,不可否认,一个好译本通常会让人获益匪浅。例如腓特烈大王不懂拉丁文,却可以完全跟我们读原文一样有收获地读西赛罗的法文译本。"①

——艾克曼《歌德谈话录》

批判历史虚无主义

"咱们当代文学所有毛病的根源,都在一些个理论家和作家缺少人格。这种情况特别是在文学批评方面危害极大,它要么颠倒是非,要么用鸡毛蒜皮的真理,取代意义重大因而对于我们也更有益的东西。

"从前是人都相信路克里提亚和斯克夫拉的英雄气概,②并从中得到鼓舞。现在可好,跑出来一帮历史批评家,说什么这样的人从来不存在,而只是罗马人伟大的精神所杜撰,只可看成为寓言和臆造。我们拿如此鸡毛蒜皮的真理做什么用啊!既然罗马人伟大到足以杜撰出这样的英雄,那我们至少也应该大气到足以相信他们才是。

"同样,十三世纪时弗里德利希二世皇帝得与教皇周旋,地处北方的德国的面对所有敌人的进犯,这时候的每一个壮举总令我欢欣鼓舞。亚洲的游牧民族也真打进来了,铁骑一直冲到了西里西亚;可是里格尼兹大公打败了他们,吓跑了他们。他们于是掉头去占莫拉维亚,可在那儿又遭施特恩伯爵痛击。这些英勇的统帅

---

① 西赛罗(Cicero),公元前一世纪的罗马政治家和演说家。
② 路克里提亚(Lucretia),一位古罗马贵妇人,被国王塞克斯特奸污后为激励丈夫和族人报仇雪耻而当众自刎,结果引发内战。斯克夫拉(Scävola),古罗马英雄,单身潜入敌营行刺敌方国王被擒,遭受酷刑宁死不屈,敌人不但没有杀他,反而退兵求和。

因此迄今一直活在我的心中,被我视为德意志民族的伟大救星。①现在可好,跑出来一些历史批评家,说什么那些英雄的自我牺牲毫无意义,因为亚洲人的部队原本已经接到命令,即将不战自退。如此一说,一桩伟大的爱国壮举就一笔勾销,就意义全无,叫人心里实在不是滋味儿。"

——艾克曼《歌德谈话录》

人之幸福,全在于心之幸福

人之幸福,全在于心之幸福。

——《少年维特的烦恼》

要求别人来迁就自己是再愚蠢不过了

"可是,如果我们不肯努力改变自己的脾气,那受的全部教育又有什么用!要求别人来迁就自己是再愚蠢不过了。我从不这样做。我总是把每个人看作独立存在的个体,只希望能研究他,认识他的特殊个性,除此别无所求。这样做的结果是我可以和每一个人交往,也只有这样才能认识人千差万别的个性,并且获得必须的处世本领。尤其要注意跟那些脾气执拗别扭的人打交道;和他们相处会激励、发展和养成你各式各样的性格,结果是过不多久任何乖僻的家伙你都能够对付。你也应该这样办。这方面你比你自己认为的更有天赋;但这还不够,你必须投身广大的世界,愿意也罢不愿也罢。"

——艾克曼《歌德谈话录》

---

① 这一段涉及德国十三世纪的诸多史实。当时德国为所谓德意志民族的神圣罗马帝国的盟主,弗里德利希二世为包括意大利在内的帝国的皇帝,常与罗马教廷当时的首领即教皇格利高里争权夺利。其时也恰逢蒙古人西侵。西里西亚现属波兰,莫拉维亚在捷克中部,当时都在德意志民族的神圣罗马帝国境内。

生活安逸使人怠惰

"豪华的建筑和房间供王公和显贵们享用。人生活其中,便感到安逸,满足,不再有任何别的欲求。

"这完全违反我的本性。住在如我在卡尔温泉所住的华丽寓所里,我立刻会变懒惰,会无所事事。相反小的住宅,例如咱们眼前呆的这间破屋子,说它乱糟糟吧又还有秩序,颇像吉卜赛人家里的情况,这刚好适合我;我内心因此感到充分的自由,可以随心所欲地工作和发挥自己内在的创造力。"

——艾克曼《歌德谈话录》

世间最纯粹、最暖人胸怀的乐事

"世间最纯粹、最暖人胸怀的乐事,恐怕莫过于看见一颗伟大的心灵对自己开诚相见吧。"

——《少年维特的烦恼》

一个家具舒适而讲究的环境,会破坏掉我的思维

歌德让我看一把他前几天在一次拍卖会上拍得的漂亮绿色扶手椅。

"不过我将很少坐它,或者甚至根本就不坐,因为任何的安逸舒适,原本完全违反我的天性。你瞧我房里没有沙发;我永远坐的是我这把老木头椅子,直到几个星期前才给它加了个靠脑袋的地方。一个家具舒适而讲究的环境,会破坏掉我的思维,使我处于安逸的被动状态。除非你从小已经习惯,否则漂亮的房间和豪华的家具只适合没有思想的人,或者不喜欢有思想的人。"

——艾克曼《歌德谈话录》

谁如果觉得自己有必要疏远所谓下等人

"谁如果觉得自己有必要疏远所谓下等人以保持尊严,那他就跟一个因为怕失败而躲避敌人的懦夫一样可耻。"

——《少年维特的烦恼》

这所谓自由啊真是一个怪东西

"席勒的所有作品,都贯穿着自由理想。随着他文化修养的提高和自己也成为另一个人,这一理想同样发生了形态的变化。青年时期他想要人身自由,因此而招来的麻烦不少,也在当时的创作中得到了反映;晚年他则向往思想自由。

"这所谓自由啊真是一个怪东西;谁都容易获得足够的自由,只要他知足并且懂得寻找。多余的自由不能派任何用场,对我们又有何好处!瞧瞧这个房间和相邻的小屋子,透过敞开的门你可看见小屋里有一张小床,两个房间都不大,还塞满了家具、书籍、手稿、艺术品等等杂七杂八的东西,因此变得来更加局促,不过却仍然令我满足,我整个冬天都呆在这儿,前面的其他房间几乎完全不去。既然我没有使用它的需要,我拿自己宽敞的府第来做什么,拿可以从这个房间走进那个房间的自由来做什么!

"一个人只要有健康地生活和从事自己职业的自由,就该满足啦;这么一点自由,是谁都容易获得的。再说,我们所有人的自由都得满足一定的条件。市民和贵族一样地自由,只要他坚守自己出身的等级限制,也就是听天由命。贵族和君主一样地自由;只要他到了宫里遵守那一点点礼仪,就不会感觉自己是异类。自由不能靠目无尊长获得,相反得通过尊重凌驾于我们的势力。因为尊重和承认它,我们也就得到了自我提升,并且表现我们心怀高远,不愧成为其同类。我在旅途中常常邂逅一些德国北方的商贾,他们往往粗鲁地与我同桌而坐,以为这样就成了和我一样的人。才不是喽;相反他们要是知道尊重我,对我表现出应有的礼貌,才算真正与我平起平坐。

"在青年时代,席勒为求人身自由招来了不少麻烦,原因虽然部分在他本人的精神气质,不过最主要还是他在军事学校遭受压迫的结果。

"可是成年以后,有足够的人身自由了,他却转而追求思想自由,我差不多想讲,正是这样的理想要了他的命;因为这样一来,他对自己的身体提出了一些要求,一些为他的健康所不能承受的要求。

"记得刚到魏玛,大公爵给席勒定的薪俸是每年一千银塔勒,还答应在他生病不能写作时,将他的薪酬翻一番。席勒拒绝了后面这个恩典,从来不曾享用这一照顾。'我有的是才能,'他说,'一定能够自力更生。'可是现在,家庭人口增加了,最近几年为了维持生计,他每年就得写两个剧本;而要做到这点,即使在身体不适的时候,他仍驱赶着自己没日没夜地工作;他的才能被迫随时听从调遣和使唤。

"席勒从不酗酒,他很有节制;但是在那些身体虚弱的时刻,他却企图以饮一点利口酒或者其他酒类增强力量。这可就损害了他的健康,对他的写作也一样有妨碍。

"要知道,一些个聪明脑袋在他的作品里挑出的漏眼儿,我都归之于这个根源。他们列举的所有不妥,我想统称之为病态的表现,也即全都写成于他体力不支的日子;在这样的日子,他连恰当而真实的母题也没法找到。对绝对命令我佩服之至,知道由此可以引出许多好的东西,但是也决不能搞得太过分,否则这一思想自由的理想肯定不会有任何好结果。"①

——艾克曼《歌德谈话录》

---

① "绝对命令"(kategorischer Imperativ)亦译"无上命令",是康德在《实践理性批判》(即伦理学)里用的一个术语,指根据最高原则或理想做出的必须遵循的判断。席勒坚持思想自由的彻底精神,在歌德看来是受康德"绝对命令"影响的结果。

做废话连篇的表面文章，我觉得有失诚恳

"从这些信里看出，索尔格对我怀有厚爱；他在一封信里抱怨，他寄给我他的《索福克勒斯》，我却连信都没有回他。上帝啊——可怎么会出这种事！也不奇怪。我认识一些大人物，他们同样收到许多仰慕者的来信。他们替自己准备了一些模式和尺牍，故而有信必复，写了成百上千封信，然而全都是大同小异的套话和废话。我可永远办不到。如果我对谁没有什么特别的和有意义的话可讲，就事论事，那我宁可干脆什么都别写。做废话连篇的表面文章，我觉得有失诚恳；于是乎便发生了对某些很不错的人我本来乐意回信，却没能够回信的情况。你亲眼目睹了我的情况，每天从世界各地有多少邮件投递到我这里来，不能不承认哪怕只是敷敷衍衍地给所有人写回信，也不是仅仅一个专人所干得了的。可尽管如此索尔格的事还是叫我遗憾；他太杰出了，理应比许许多多其他人更优先得到友善的对待。"

——艾克曼《歌德谈话录》

拿破仑啊真是个好样儿的！
始终精神爽朗，始终清醒果断

"是郁郁寡欢还是精神爽朗，造就了人的不同命运！我们好像就得由灵魔来每天牵着走路，告诉和驱使我们做这做那。而一当这守护神离开了我们，我们便四肢无力，只能在黑暗中摸索。

"拿破仑啊真是个好样儿的！始终精神爽朗，始终清醒果断，时时刻刻都精力充沛，能够立马去成就自己认为有利和必要的事情。他的一生就像个半神，总是从战役走向战役，从胜利走向胜利。说到他完全可以讲，他始终处于精神爽朗状态；正因此他的一生才如此光辉，可称举世前无古人，也许后也不会有来者。"

——艾克曼《歌德谈话录》

我们能将他搭救,他永远奋发向上

> 灵界的高贵成员,
> 已逃离恶魔手掌,
> 我们能将他搭救,
> 他永远奋发向上。
> 还有上天也给他,
> 如此的关怀厚爱,
> 还有幸福的一群,
> 衷心欢迎他到来。

"在这几行诗里,藏着浮士德得救的钥匙:浮士德自身的活动越来越高尚,越来越纯洁,直至结束;再者,从天上来帮助他的,则是永恒的爱。这样就与我们的宗教观念完全和谐一致了;根据这个观念,人要获得永生的幸福,光有自身的努力还不够,还得加上神的恩宠。

"还有你会承认,让得救的灵魂升天这个结局很难处理,在表现这类超感官的、几乎不可测知的内容时,如果我没用轮廓鲜明的基督教形象和意象使构思变得具体、实在,那就会失之平淡空洞啦。"

——艾克曼《歌德谈话录》

我平生最讨厌的莫过于人与人之间相互折磨了

"我平生最讨厌的莫过于人与人之间相互折磨了,尤其是生命力旺盛的青年,他们本该坦坦荡荡,乐乐呵呵,实际上却常常板起面孔,把仅有的几天好时光也彼此给糟蹋掉,等到日后省悟过来,却已追悔莫及。"

——《少年维特的烦恼》

我占了一个大便宜

"我占了一个大便宜,能出生在这么个世界风云际会,在我漫长的一生中重大事件层出不穷的时代:先是七年战争,然后美国脱离英国独立,接着又来了法国革命,最后才是整个拿破仑时代直至这位英雄覆灭,以及随之发生的种种事变,我成了亲身经历这一切的历史见证。这样一来,我的观察结果和看法就可能与人完全两样;现在才出生的人只能通过书本了解那些重大事件,也就弄不明白它们是怎么回事。

"往后的一些年将发生什么,完全无法预言;只是我担心咱们不会很快获得安宁。世人生性可不谦虚知足:大人老爷不会放弃滥用强权,民众也不满足于勉强过得去的状态,静待逐渐的改良。只有使人性变得完美,现实也才可能完美;实际是将无休止地动荡摇晃,一部分人受苦受难,另一部分人安乐享受;自私和妒忌这两个恶魔将永远作祟,党派之争将没了没完。"

——艾克曼《歌德谈话录》

撒谎者休想获得忠诚信赖

五种情况得不到五种结果,
想听取教训就把耳朵张着:
心高气傲不会有友情萌芽,
粗鲁无礼无异于卑劣低下;
一名恶棍绝对成不了伟人,
嫉贤妒能者不会把人同情;
撒谎者休想获得忠诚信赖——
不管谁反对,都牢记胸怀。

——《西东合集》

什么使时间停滞不前？
游手好闲！

什么使时间变得短暂？
总把事干！
什么使时间停滞不前？
游手好闲！
什么使人身负重债？
老是等待！
什么使人大把赚钱？
当机立断！
什么使人获得荣耀？
洁身自好！

——《西东合集》

谁聪明谁就会拒绝一切叫人分散精力的要求

"很好，你借写评论的机会熟悉了印度的情况，因为说到底，我们搞研究最终只是掌握了自己实际使用的东西。

"总而言之，大学里学的太多太多，而且是太多毫无用处的东西，还有一些个老师拼命延伸自己的专业，教授的知识远远超出了学生的需要。早年化学和植物学一起归入药物学讲授，学医的学生只听它就够了。现在倒好，化学和植物学都自成一门无边无涯的大学问，掌握其中任何一门都须要人穷其一生，可是医学院学生硬是两门全得念！结果呢什么也学不到，顾此失彼嘛，通通忘得精光。谁聪明谁就会拒绝一切叫人分散精力的要求，而专心致志于一个专业，把一个专业学精学通。"

——艾克曼《歌德谈话录》

仅仅为了他人的缘故去逐利追名，
苦苦折腾，这个人便是傻瓜

"一个人要是没有热情，没有需要，仅仅为了他人的缘故去逐利追名，苦苦折腾，这个人便是傻瓜。"

——《少年维特的烦恼》

世间所有礼物，所有甜言蜜语，
也补偿不了我们顷刻间失去的快乐

"有种人利用自己对另一颗心的控制力，去破坏人家心里自行产生的单纯的快乐，这种人真可恨。要知道世间的所有礼物，所有的甜言蜜语，也补偿不了我们顷刻间失去的快乐，补偿不了被我们的暴君的嫉妒所破坏了的快乐哟。"

——《少年维特的烦恼》

我们应该每天对自己讲：你只能对朋友做一件事，
即让他们获得快乐

"我们应该每天对自己讲：你只能对朋友做一件事，即让他们获得快乐，使他们更加幸福，并同他们一起分享这幸福。当他们的灵魂受着忧愁的折磨，为苦闷所扰乱的时候，你能给他们以点滴的慰藉么？"

——《少年维特的烦恼》

谈欲成就事业不能有旁骛

"我倒希望，你那些朋友最好别来打扰你。那些事无助于你的发展,完全有违你的天性,你干吗要去做呢?我们有金币、银币和纸币,它们各有各的币值和汇率,然而要为每一种估价,就必须清楚汇率。文学也不两样。你也许知道怎么定金属币的价值,纸币额却不知道,这方面你不在行,于是你的评价就不正确,你就会把事情搞糟。可你想把事情搞好,给每一件作品应得的肯定和承认,那你事先得权衡比较我们一般文学作品的水准,必须认真研究,省事偷懒是不行的。你必须回过头去看施勒格尔兄弟主张什么,完成了什么;然后还有所有新锐的作家:弗朗茨·荷恩,霍夫曼,克劳伦,等等,你全都得读。这还不够喽。还有所有的杂志,从《晨报》到《晚报》你通通必须订阅,以便你立刻掌握最新动态。如此一来,你便糟踏了自己最美好的光阴。还有呐,所有的新书,你如果想稍微介绍得透彻一点,就决不能只是翻一翻,而必须研读。感觉怎么样?最后还有呐,如果你不愿意冒与整个世界为敌的风险,你还不能够是好说好,是坏说坏。

"不,依我说就写信去推掉这件事,它不适合你。归根结底,你得防止分心,得集中精力。三十年前我要这么聪明,做出的成绩就会大不一样。我和席勒一起出版《时序女神》和《诗神年鉴》两种刊物,真不知浪费了多少时间!这几天我正好在检阅我与他的通信,所有往事随之历历在目;回想起当年干那些事让世人利用了我们,我们自己却毫无所获,心里就不能不气闷。有天才的人看见别人干什么总相信自己也能干;其实才不是这么回事儿,最终将后悔浪费了精力。就像我们晚上把头发卷起来,那又有什么用?只在头上弄了些卷发纸,其他什么也没有,到第二天晚上头发照样又直了起来。

"你现在要做的是积累一笔用之不竭的资本,你开始学习英语和英国文学,就为达到这个目的。坚持学下去,随时利用与英国年轻人交往的大好机会。古代语言大部分你在青少年时代都学不到,所以要努力到一种如英国人似的杰出民族的文学中寻找依靠。再说,我们自己的文学大部分也来自英国文学。我们的长篇小说,我们的戏剧,它们不是来自歌尔斯密、菲尔丁和莎士比亚又来自何处？即使今天,在德国你哪儿找得出三位文学大家,可以与拜伦爵士、穆尔和瓦尔特·斯科特平起平坐？一句话,巩固你的英语学习,集中精力干点正经事,丢开一切对你不适合、也不会有结果的事务。"

——艾克曼《歌德谈话录》

我喜欢用年轻人——但必须富有潜力,头脑清醒,精力充沛,同时还要胸怀大志,品性高尚

"历史上出现过成百上千的才俊之士,年纪轻轻就要么在朝廷要么在疆场上声名远播,建立了赫赫功业。我要当上了国君,就绝不会把自己最重要的职位给那些仅凭出身和资历一步步爬上来的人,他们到了这个年纪已经习惯慢吞吞地走老路,自然干不出多少像样的事情。我喜欢用年轻人——但必须富有潜力,头脑清醒,精力充沛,同时还要胸怀大志,品性高尚。如此一来,治理国家和领导人民,就不啻为一种乐趣！可哪儿有这样一位国君,他乐于这么做,又得到了充分的辅佐呢！

"我对当今普鲁士王太子寄予厚望。①据我所知与所闻,他是个非常杰出的人；而这又是识别与和选用同样的杰出人才的必备条件。因为不管怎么讲,确实只能是惺惺惜惺惺。只有一位本身有着伟大才能的君主,才会慧眼识珠,在其臣仆中发现英才并委以重任。'给人才开路！'是拿破仑的名言；拿破仑确实有自己的用人之道,他让每一个特殊人才都适得其所,发挥所长,自己一生的所有伟大事业也便得到了很好辅佐；其他君主却没谁能与他相比。"

——艾克曼《歌德谈话录》

---

① 普鲁士王太子指普鲁士后来的威廉四世国王(Friedrich Wilhelm IV, 1795—1861)。

自 由 精 神

请让我得意地骑在马上！
你们只管守住茅屋和篷帐！
我却高高兴兴驰向远方，
只有星星对我的头巾闪亮。

真主为你们排好了星座，
在陆上海上把向导充当；
让你们不断地仰望夜空，
忘情地欣赏美丽的星光。

最明智的办法是人人各司其职

"最明智的办法是人人各司其职，生来适合干什么、学习过干什么就干什么，别去妨碍他人干自己的事。鞋匠就该守着他的楦头，农民就该扶着他的犁头，君主呢，就该懂得治理国家。要知道，治国也是一项须要学习的职业，任何不精于此道的人都不应潜妄介入。"

——艾克曼《歌德谈话录》

坐第一把交椅的，很少是第一号角色

"这班傻瓜哟，他们看不出位置先后本身毫无意义；看不出坐第一把交椅的，很少是第一号角色！古往今来，不知有多少君王受自己宰相的支配，有多少宰相又被他秘书所驾驭！在这种情况下，谁是第一号人物呢？我认为是那个眼光超过常人，有足够的魄力和心计把别人的力量与热情全动员起来实现自己计划的人。"

——《少年维特的烦恼》

八 爱 情

五 月 歌

大地多么辉煌!
太阳多么明亮!
原野发出欢笑,
在我心中回响!

万木迸发新枝,
枝头鲜花怒放,
幽幽密林深处,
百鸟鸣啭歌唱。

欢呼雀跃之情,
充溢人人胸襟。

呵,大地,呵,太阳!
呵,幸福,呵,欢欣!

呵,爱情,呵,爱情,
你明艳如朝霞!
呵,爱情,呵,爱情,
你璀璨如黄金!

你给大地祝福,
大地焕然一新,
你给世界祝福,
世界如花似锦。

呵,姑娘,呵,姑娘,
我是多么爱你!
你深情望着我,
你是多么爱我!

我热烈爱着你,
犹如百灵眷爱,
那歌唱和天空,
那朝花和清风。

我热烈爱着你,
是你给我青春,
是你给我欢乐,
是你给我勇气,
去唱那新的歌,
去跳那新的舞。

愿你永远幸福，
如你永远爱我。

——《塞森海姆之歌》

解说

大诗人大思想家歌德一生多恋，堪称是位情圣。他关于爱情的思想丰富、深刻、振聋发聩、沁人心脾，古今中外鲜有堪与之相提并论者。这些思想并非通过干巴巴的论述表达出来，而是自然而然地体现在他的作品中，特别是他的诗歌以及《少年维特的烦恼》等小说和戏剧中。《五月歌》、《野玫瑰》等抒情诗道尽了爱情的酸甜苦辣。

我是否爱你，我不知道

我是否爱你，我不知道。
一当我瞅见你的脸，
一当我望见你的眼，
我的心便没有任何烦恼。
上帝知道我是多么幸福！
我是否爱你，我不知道。

——《塞森海姆之歌》

彩绘的缎带

小小的花朵，小小的叶片，
年轻而善良的春之神，
他们手儿轻灵地给我撒在
一条缎带上，那么多情。

西风,请用翅膀托起它,
将它绕在我心上人的衣裙!
她这么装扮着走到镜前,
会满怀欣喜,无比高兴。

她看见自己在玫瑰丛中,
也像玫瑰一般鲜艳、年轻。
只要看一眼我就满足了,
亲爱的人儿,我的生命!

体验一下这颗心的感受吧,
把手伸给我,别难为情,
但愿联结我俩的这条纽带,
它不像玫瑰花带一般柔嫩!
——《塞森海姆之歌》

欢聚与离别

我的心儿狂跳,赶快上马!
想走就走,立刻出发。
黄昏正摇着大地入睡,
夜幕已从群峰上垂下;
山道旁兀立着一个巨人,
是橡树披裹了雾的轻纱;
黑暗从灌木林中向外窥视,
一百只黑眼珠在瞬动眨巴。

月亮从云峰上俯瞰大地,
光线是多么愁惨暗淡;
风儿振动着轻柔的羽翼,

在我耳边发出凄厉的哀叹；
黑夜造就了万千的鬼怪，
我却精神抖擞，满心喜欢：
我的血管里已经热血沸腾！
我的心中燃烧着熊熊烈焰！

终于见到你，你那甜蜜的
目光已给我身上注满欣喜；
我的心紧紧偎依在你身旁，
我的每一次呼吸都为了你。
你的脸庞泛起玫瑰色的春光，
那样地可爱，那样地美丽，
你的一往深情——众神啊！
我虽渴望，却又不配获取！
可是，唉，一当朝阳升起，
我心中便充满离情别绪：
你的吻蕴藏着多少欢愉！
你的眼饱含着多少悲凄！
我走了，你低头站在那儿，
泪眼汪汪地目送我离去：
多么幸福啊，能被人爱！
多么幸福啊，有人可爱！

——《塞森海姆之歌》

野　玫　瑰①

少年看见玫瑰花，

---

①　此诗系根据民歌改作，可以认为表现了诗人在抛弃弗莉德里克后的内疚。它是歌德抒情诗中的名篇杰作，经舒伯特等谱曲后在世界上广为流传。

原野里的小玫瑰，
那么鲜艳，那么美丽，
少年急忙跑上去，
看着玫瑰心欢喜。
玫瑰，玫瑰，红玫瑰，
原野里的小玫瑰。

少年说：我要摘掉你，
原野里的小玫瑰。
玫瑰说：我要刺痛你
叫你永远记住我，
我可不愿受人欺。
玫瑰，玫瑰，红玫瑰，
原野里的小玫瑰。

轻狂的少年摘下了
原野里的小玫瑰。
玫瑰用刺来抗拒，
发出哀声和叹息，
可是仍得任人欺。
玫瑰，玫瑰，红玫瑰，
原野里的小玫瑰。

——《抒情诗》

爱情和艺术都不能没有激情

"比如谈恋爱。一个青年倾心于一个姑娘，整天都厮守在她身边，耗尽了全部精力和财产，只为时时刻刻向她表示，他对她是一片至诚。谁知却出来个庸人，出来个小官僚什么的，对他讲：'我说小伙子呀！恋爱嘛是人之常情，不过你也必须跟常人似地爱得有个分寸。喏,把你的时间分配分配,一部分用于工作,休息的时候才去陪爱人。好好计算一下你的财产吧,除去生活必需的,剩下来我不反对你拿去买件礼物送她,不过也别太经常,在她过生日或命名日时送就够了。'——他要听了这忠告,便又多了一位有为青年,我本人都乐于向任何一位侯爵举荐他,让他充任侯爵的僚属;可是他的爱情呢,也就完啦,倘使他是个艺术家,他的艺术也完啦。朋友们啊!你们不是奇怪天才的巨流为什么难得激涨汹涌,奔腾澎湃,掀起使你们惊心动魄的狂涛么?——亲爱的朋友,那是因为在这巨流的两边岸上,住着一些四平八稳的老爷,他们担心自己的亭园、花畦、苗圃会被洪水冲毁,为了防患于未然,已及时地筑好堤,挖好沟了。"

——《少年维特的烦恼》

二裂银杏叶

生着这种叶子的树木
从东方移进我的园庭;
它给你一个神秘启示,
耐人寻味,令识者振奋。

它是一个有生命的物体,
在自己体内一分为二?
还是两个生命合而为一,
被我们看成一个整体?

也许我已找到正确答案,
来回答这样一个问题:
你难道不感觉在我诗中,
我既是我,又是我和你?

解说

　　银杏即白果。歌德以二裂银杏叶,暗喻男女忠贞爱情。这跟中国古老爱情谚语的"在天愿作比翼鸟,在地愿做连理枝",异曲同工而更含蓄。

——《西东合集》

任随你千姿百态,隐身藏形

任随你千姿百态,藏形隐身,
最最可爱的,我立即认识你,
任随你蒙上那魔术的纱巾,
无所不在的,我立即认识你。

看青青的扁柏蓬勃生长,
最窈窕美好的,我立即认识你:
看河渠里清澈涟漪荡漾,
最妩媚动人的,我定能认识你。

当喷泉的水花欢跳向上,
最善嬉戏的,我多高兴认识你;

当云彩的形象变幻无常,
最丰富多彩的,我在此认识你。

看鲜花撒满如茵的草原,
灿如繁星的,多美啊我认识你;
看千条藤蔓伸臂向四野,
啊,拥抱一切的,我便认识你。

当朝霞开始在山顶燃烧,
愉悦众生的,我立刻就认识你;
于是,晴朗的天空把大地笼罩,
最开阔心胸的,我随即呼吸你。

我内外感官的一切认知,
最启迪心智的,我获得通过你;
我用一百个圣名呼唤阿拉,
每个圣名都回响着一个名字,为了你。

解说

　　此诗以世间一切最美好的事物来比喻、歌唱自己的爱人,却通篇见不到一个"像"字或"是"字,手法何等高妙。其所表达的情感可以说既含蓄,又丰富、热烈。伊斯兰教的真主阿拉另外有九十九个美称。它们代表伊斯兰教所珍视的九十九种美德,如本诗对爱人的称呼一样,也都用了"最"和"一切"等表示最高级的词语。

——《西东合集》

书　本

诸多书本中最奇妙的书,
是那爱情之书,

我曾专心致志将它阅读：
欢乐的篇幅不多，
却有整章整章的痛苦。
离别自成一节；
重逢，唉，断简残牍！
一卷一卷的苦闷，
再加上没完没了、
不知节制的长注。
呵，尼撒米！——你终于
找到了解脱之路；
可谁来解那解不开的结呢？
相爱者，当他们重聚一处。

解说

　　此乃情圣和诗哲歌德最精彩的爱情诗之一。以书本比喻爱情，写尽个中的酸甜苦辣。不知世界上还有几首这么含蓄而意蕴深厚，耐人寻味、咀嚼的情诗杰作！

图 勒 王

从前图勒有一位国王，①
他忠诚地度过了一生；
他有一只黄金的酒杯，
是他爱人临终的馈赠。

他视金杯为无上珍宝，
宴会上总用它把酒饮；

---

　　①　图勒系欧洲人传说中的一个极为遥远的北方岛国，也有人揣测即为冰岛，但无确证。

每当一饮而尽的时候,
他都禁不住热泪滚滚。

国王眼看自己快死去,
便算计他有多少座城;
他把城市全赐给太子,
单留金杯不给任何人。

海边耸峙着一座宫殿,
殿内有座祭祀的高台,
国王在台上大张宴席,
把周围的骑士们款待。

这时老酒徒站起身来,
饮下最后的生之烈焰,
然后举起神圣的酒杯,
扔向汹涌的海潮里面。

他望着金杯往下坠落,
见它沉入深深的海底。
随后阖上自己的眼帘,
再也不沾那琼浆一滴。①

——《叙事谣曲》

解说

  这是以叙事诗格调写成的情诗珍品。

---

① 图勒王的故事表现了夫妇之间的忠贞不贰,在欧洲流传甚广。值得注意的是主人公系一男性,并且贵为国王;这在封建时代恐怕主要反映了受压抑的女性的愿望和理想。

这世界要是没有爱情，它在我们心中还会有什么意义

"威廉，你想想这世界要是没有爱情，它在我们心中还会有什么意义！这就如一盏没有亮光的走马灯①！可是一当放进亮光去，白壁上便会映出五彩缤纷的图像，尽管仅是些稍纵即逝的影子；但只要我们能像孩子似地为这种奇妙的现象所迷醉，它也足以造就咱们的幸福呵。"

——《少年维特的烦恼》

幸福的夫妻

我们的热烈乞求
换来了这场春雨，
爱妻啊，你瞧天福
正弥漫我们的田地。
目力所及的远方，
是一片蔚蓝的迷蒙；
这里仍徜徉着爱情，
这里是幸福的栖居。

一对儿白色的鸽子，
瞧，正向那儿飞去；
阳光照耀凉亭周围，
紫罗兰鲜艳又茂密。
在那儿我们曾编结
最早的一束鲜花；
在那儿我们的爱火

---

① 本来指的是一种原始的幻灯。

第一次熊熊燃起。

自打那一天我俩
欣然回答"愿意",
牧师从祭坛目送我们
随其他情侣匆匆归去,
从此天空便升起了
新的太阳、新的月亮,
从此世界便被征服,
成了我们生存的天地。

我们牢牢的同心结上,
打着成千上万封印;
无论是牧场边的丛莽,
还是山岗上的树林,
无论是洞窟和残垣,
还是深涧和悬崖绝顶,
甚至就连湖边的芦苇,
都有阿摩的爱火炽盛。

漫步人生,心满意足,
我们原想就咱们两人;
哪知命运另有安排,
瞧吧,转眼我们变成
三个、四个、五个、六个;
他们围在餐桌旁座定,
一个个慢慢长大起来,
看着看着高过了我们。

那边美丽的平野上,

白杨夹岸的小溪环绕,
一幢新盖的楼房显得
如此舒适而又漂亮。
是何人在此建下了
这么可爱的安乐窝?
难道不是咱们能干的
弗里兹和他的小新娘?

那边深深的山涧中,
蜿蜒流着一条小河,
水花四溅涌出谷口,
推动山下边的水磨;
人说那儿的磨坊姑娘,
漂亮一个赛过一个;
然而她们终究要出嫁,
咱们的儿子早已等着。

还有围绕着教堂墓地,
绿影婆娑,树木繁密,
那儿有一株古老松树,
孤零零对着蓝天摇曳;
我们早早逝去的先人
就在这个地方安息,
他们领我们把目光
从人世间转向天宇。

武器的闪光像潮水,
漫过山岗,涌到跟前;
带给我们和平的军队
正从远方的战场凯旋。

是谁身披勋章绶带,
骄傲地走在队伍前面?
他很像咱们的孩子!
真的是卡尔转回家园。

宾客中最殷勤的一位,
受到新娘亲自款待;
在庆祝和平的节日,
她与心上人喜结连理。
为在婚礼上翩翩起舞,
人们争先恐后地赶来;
这时你也用花冠打扮
那三个最年幼的小孩。

一阵阵的笛声箫声
唤起人对往昔的回忆,
我俩也曾风华正茂,
歌舞在欢乐的人群里。
岁月在慢慢地逝去,
我已感到无比的欢欣!
我们将陪着儿子孙子,
到教堂去接受洗礼。

解说

　　这首表现夫妇之爱、天伦之乐的情诗约作于1802年,其时诗人虽尚未与克里斯蒂娜·乌尔庇乌斯正式结为夫妇,却已享受到了夫妇的幸福。1828年12月16日,歌德曾告诉艾克曼,他"一直喜欢这首诗"。

代跋　永远的歌德　永远的伟大

1999年是德国大文豪和大思想家约翰·沃尔夫冈·歌德逝世160周年。作为师从冯至先生研究歌德的及门弟子，我自觉应以这位人类文化史上永远为人景仰的巨星为对象，以冯至老师自称最喜欢也对他影响最大的异国诗人为对象，[①]撰写一篇既含纪念意义又不乏学术价值的文字。然而一百多年来，学者对歌德的方方面面已经谈得很多，好不容易搜索枯肠，我才拟定出题目，试图探讨一两个看似不成问题的问题，那就是：

一、歌德为什么伟大？

---

① 1992年3月香港《现代诗报》，冯至先生答该报编辑部主任问。

二、在即将进入 21 世纪的今天,歌德是否仍然伟大?

这两个对于研究和评价歌德具有总体、宏观意义的问题,我们似乎早已了然,可实际并不如此。因而对它们作出明确而具体的解答,就成了本文努力要完成的任务。

跟古今中外的所有歌德研究者和崇仰者一样,我们谁也不怀疑歌德作为欧洲"文艺复兴以来最后的一个世界性的'通才'"①,在人类文化思想史作出过极为杰出的贡献,占据了十分崇高的地位。我们也早已习惯把歌德的名字与但丁、莎士比亚并列,与我国的李白、杜甫、曹雪芹并列,视他的代表作《浮士德》等为世界文学宝库中的瑰宝和经典。我们更牢牢记着恩格斯盛赞歌德的话,坚信他确是"最伟大的德国人","最伟大的德国诗人";确是诗歌王国中的"奥林帕斯山上的宙斯"。因此,歌德是否伟大,对我们自然已不成问题。

可是,要问歌德究竟为什么伟大,回答就不会这么干脆,这么简单。

歌德生活和进行创作性劳作的时代和国度,离我们毕竟太遥远;歌德备受推崇的《浮士德》等不朽巨著,又实在不合我们的文学欣赏习惯和审美标准,让不少作家、评论家读起来也感觉勉强。而尤其令人遗憾的是,恩格斯在他那篇写成和发表于 1847 年的论述歌德的著名文章中,又囿于论题,只对歌德身上渺小和庸俗的一面作了相当全面和深刻的分析,却几乎完全没有说明"最伟大的德国诗人"究竟伟大在何处——这一片面性的产生,诚如恩格斯所说,"完全是格律恩先生的罪过"。②

由于以上三点以及其他更多的原因,我们对于歌德究竟为什么伟大这一问题既缺少现成的权威性答案,又难于或者说懒于通过钻研思考寻求自己的解答,因而在歌德之为歌德,歌德之为"最

---

① 绿原:《歌德——文学史上的一颗恒星》,《文汇月刊》1982 年 3 月号。
② 恩格斯:《诗歌和散文中的德国社会主义》第二部分《卡尔·格律恩〈从人的观点论歌德〉》,收《马克思恩格斯全集》第 4 卷。

伟大的德国诗人"和世界大文豪大思想家这一点上,往往只知其然而不知所以然。

上面这个令人感到遗憾的结论,当然只是概而言之。在我们研究歌德的先辈中,尤其是本世纪二三十年代当中国掀起"歌德热"的时候,自然也有不少人苦思冥索,穷根究底,力图弄清歌德伟大在什么地方的问题。这儿,我只想举一位杨丙辰为例,其他如宗白华、郭沫若、周辅成等一大批歌德研究者和译介者,就略而不论了。

关于杨丙辰先生,今天就在我们的德语界知道的人恐怕也已经不多;这应该讲是很不应该的。笔者从一些零星的资料中了解到,他二三十年代任教于北京大学德文系,当过系主任,并且被冯至先生称作自己在北大学习德国文学时的"恩师"。①这就是说,杨丙辰先生是笔者恩师的恩师,无疑地属于我国正规的大学德语和德国文学教学的开山祖师之列。而且,在教学之余,杨先生还从事著译。而且,仅仅以歌德而言,仅仅就笔者所见,他便向自己的同胞贡献出了长篇小说《亲和力》的第一个完整译本(上海商务印书馆,1942);在 1932 年纪念歌德逝世 100 周年前后,他还发表了不少有见地的论文。因此,在开大学德语专业认真研究、译介歌德和德语文学之风这一点上,杨先生也功莫大焉,值得我们这些后辈在追本溯源时很好地缅怀、学习和纪念。

在杨先生论述歌德的文章中,有一篇题名为《歌德何以伟大?》,探讨的正好是笔者眼前这篇文章所企图回答的问题。它系"为歌德殁后百年纪念作",可是"因为一个消息底误会,硬要马上出歌德百年纪念专刊",被提前于 1931 年发表在北平的《鞭策周刊》第 5 期里。第二年,经过一点补充,文章又收进宗白华、周辅成编的《歌德之认识》一书。这本书虽说意义重大,也富有学术价值,编成后却没出版商肯接受,只好由宗白华自费出版,于 1933 年交南京钟山书店发行。可是,人们终于认识到它作为中国第一

---

① 秋吉久纪夫:《诗人冯至访问记》,《中外诗歌交流与研究》1992 年第 1 期。

部系统研究外国大作家的论文集的价值,一次又一次地将它再版、重印。①

在《歌德何以伟大?》一文里,杨先生一开始便指出歌德超出"其他伟大德国人"如卑斯麦、康德、黑格尔以及席勒等等的至高无上的地位,指出他不仅使全德国而且使全世界"折服崇拜"。紧接着,便提出"他的伟大究竟在哪儿呢?"这个问题。杨先生所以如此,是因为他"不要再犯着我们马虎的老毛病,而随声附和的瞎捧"歌德——这种态度,今天不也值得我们很好学习么?

对于歌德究竟伟大在哪儿的问题,杨先生随后作了十分细致的分析和具体的回答。他阐发与歌德同时代的德国诗人魏兰赞歌德为"人中之至人"(der menschlichste Mensch)这句名言,拿歌德与功业赫赫的"铁血宰相"俾斯麦相比较,与"以他们的哲学奠定近代文化、近代一切理想底基础"的康德、黑格尔相比较,与"富有灿若日月的哲识理想、整个地充满了奋斗向上的精神"的席勒相比较,认为歌德真正的伟大"反而是他极端的、千百兆人们一般的平凡",因而称他是一个"真真正正的人",一个"十足的血肉的人","具有人生应有的一切矛盾,人生应有的一切长处和种种短处",等等。

杨先生对歌德何以伟大的问题所作的这个总回答。自然深受西方人道主义思想的影响;但他之强调歌德的伟大寓于平凡,强调他是个"十足的血肉的人",强调他既有长处又有短处,则表现出鲜明的平民精神和民主精神,表现出一定的唯物和辩证思维的倾向,与恩格斯对歌德的评价也不乏相似之点。由此反观杨丙辰先生,我可以不无几分骄傲他说,咱们这位泰老师不愧是一位接受过五四新文化运动洗礼的开明学者。

至于歌德在平凡中如何显示出非凡,显示出"极端的奇特"和

---

① 详见拙作《歌德与中国》,生活·读书·新知三联书店 1990 年版,第119—121 页。

"极端的伟大",以致鼓舞人们,给予人们以"无限的对于人生的乐观",对这进一步的问题杨丙辰先生作了三点具体的回答。他认为,歌德之所以非凡而伟大,是因为:

第一,歌德把人类的一切感情、人生的一切酸甜苦辣都完全彻底地"感觉了,经验了,吟味了",因而对人生的真相、归宿、价值等等大问题,都有了至为明了彻底的观念和认识。

第二,歌德自幼注重养成一种宁静和谐的精神,因此能于人生的种种矛盾面前不倚不偏,保持自身心灵的平衡——杨先生认为这是"歌德一生上所最可珍贵的"精神,歌德之以能由一个极平凡庸常的人物一转而为一个极不平凡庸常的伟大的,"最完全的",甚至被现代的欧洲人们所视为可以代替了耶稣的人物的原因,就全在于此了;还认为,歌德的宁静和谐"很有些合于"我们孔老夫子视为"修养上最高目标"的中庸之道,歌德正是愈近晚年,愈将它发展到了"圆满大成的地步",才成为高山仰止的伟大人物。

第三,歌德具有人类有史以来罕见的创作天才,并且善于运用它把自己非凡伟大的一生的情感、经历、认识记录下来,从而创作出许许多多的不朽作品,把它们贡献给人类,使所有读这些作品的人都产生共鸣,以为歌德说出了"他们心坎中、肺腑中的话",因此敬爱他,不再仅仅当他是一个诗人,而是视他为"人类的人"——杨先生称这样的人是"超出一切时间性、一切国际性、而与人类俱终的'纯人'",说歌德正因此而必然受到世界各国人民的崇仰,敬重。

杨丙辰先生在六十年前对歌德何以伟大作出的上述三点解释,自然已不能完全为今天的我们所赞同和接受。特别是其中第二点对"宁静和谐"和"中和中庸"的解释和评价,可以说更与我们的马克思主义观点和认识大相径庭,而且也与歌德的实际不相符合。因为我们知道,狂飙突进时期的歌德的性格和精神绝不"宁静和谐";而他到魏玛小公国以后对于"宁静和谐"的追求,在我们看来恰恰成了这位"最伟大的德国人"因循保守,与鄙陋的社会现实妥协，成为一个害怕矛盾斗争和厌恶革命的庸俗市民的内在精神根源。再有所谓"纯人"的提法，也表现出西方人道主义思想的局限，因为歌德纵有许多超越自己时代和阶级的卓越崇高之处，却仍然十分"不纯"；在我们马克思主义者看来，世界上自从出现阶级，就绝不可能再有什么"纯人"存在。

可是，尽管有这些明显地打上时代烙印的缺陷，杨先生对歌德何以伟大这个问题的回答仍不乏真知灼见。例如，他强调歌德努力去完全彻底地感觉、体验、吟味"人类底一切感情，一切酸甜苦辣咸"的入世精神，认为他由此而认识了人生的真谛，从而才创作出许多的不朽作品，为人类作出了贡献，博得了世人的崇敬爱戴。他还指出，歌德的伟大在于他"超出一切时间性，一切国际性（我们现在称作民族性——作者）"，等等。

在分析歌德的伟大、歌德的价值时，杨丙辰先生异于和优于绝大多数只有皮毛之见的人的是，他坚信造成这伟大和价值的"是歌德一生各方面的生活和经历，其次才能说到他的为世人所珍贵的文艺作品"。杨先生认为，"凡所谓的生活，俱是合形体与精神内外两方面说的"，并且特别重视的是歌德的精神生活，说他的作品都是这精神生活的各个方面的表现而已。

这样，杨先生就抓住了事物的本质，从而避免了人们在译介歌德时常犯的只见作品或者突出作品，不见或轻视作家本人的生活尤其是内在精神的弊病。"他的精神生活底宏富深邃，"杨丙辰先生感叹道，"更是一般地超出常人万万倍，巍巍峨峨地站在人群之上，找不出几个可以置放到他的旁边的其他人物来的。"

歌德之伟大主要在他的精神，这就是半个多世纪以前杨丙辰先生得出的正确结论。

整整过去了半个世纪，1982年3月22日，中华人民共和国的首都北京正举行德国伟大诗人歌德逝世150周年的纪念会。在庄严隆重的气氛中，冯至教授作题为《更多的光》的主题报告。以报告的实际内容而论，可以认为现在是轮到杨丙辰先生的这位杰出弟子来继续回答歌德何以伟大的问题了。

在报告中,冯至先生继承自己老师重视内在精神胜于具体创作成就的价值取向,深刻地揭示和分析了歌德的一系列非凡和伟大的精神表现。在揭示分析的准确、深刻和明晰方面,冯至先生无疑超过自己的老师,做到了青出于蓝而胜于蓝。因为,杨先生只按当时心理学的解说,把人的精神活动能力分作"智力、情感力与意志力",并据此举出歌德的多才、多产、多恋以及意志坚强过人和"严以处己"等等,来证明他精神的非凡和伟大。这样的分析尚嫌生硬、表皮而未脱西方学者评价歌德的窠臼;冯至先生却未予因袭,而是把分析的立足点提上了影响歌德一生的宇宙观和人生观的哲学的高度。

冯至先生把自己的报告题名为《更多的光》,并不仅仅因为这四个字是歌德所谓"最后的遗言",被世人广为传诵并赋予了象征意义,而是他要以此来概括歌德非凡的一生的向往追求,概括他丰富多彩的文艺创作——从早年的《五月歌》到晚年的《幸福的渴望》和《浮士德》——所反复体现出的思想、精神。冯至先生认为,"歌德一生所歌咏的,是要有'更多的光'";指出歌德的伟大,在于他不但一生追求光明,歌咏光明,而且还为追求光明而"与外在的和内在的阴暗进行斗争"。冯至先生说:

> 与外界的阴暗斗争,固然不易,与自身内的阴暗斗争,更为艰难,他认为与自我搏斗是一种可贵的德行。他常用蛇蜕皮比喻人到一定时期必须抛弃旧我,获得新生……他也曾用飞蛾赴火比喻人不愿在阴暗处生活,渴望光明,虽焚身于火焰,也在所不惜。[①]

就这样,在一篇不过四五千言的纪念会报告中,冯先生以深入浅出、明白畅达的语言,鲜明、具体、生动的例证,十分准确地道出了德国大诗人、大思想家的伟大精神的最主要之点。这样一种不懈地追求"更多的光"并为此而英勇斗争——包括与自我斗争——

[①] 冯至:《论歌德》,上海文艺出版社1986年版,第182—187页。

而上下求索、九死不悔的精神,也就是世人一提起歌德就津津乐道的"浮士德精神";只不过很少有人能像歌德研究家冯至那样,把它与对诗人本身的评价自然而紧密地结合起来,并且阐明它正是歌德的主要精神倾向和伟大之所在。

冯至先生自本世纪四十年代开始研究歌德,到今天已经半个多世纪,在著述中论及歌德何以伟大者绝不限于《更多的光》一篇。他1986年出版汇集自己有关研究成果的《论歌德》,为此而精心地撰写了《"论歌德"的回顾、说明与补充》一文,放在书前作为"代序"。其实,我们认真读一读便可发现这篇"代序"非同一般的重要价值;因为在很大程度上,它不啻是先生对自己半生研究歌德的总结。它里面有一些文字,把歌德的伟大说得更加具体,更加详细。

冯至先生在"代序"里说,歌德"博学多能,从他狭隘的环境里放眼世界,吸取古代的文化精华和同时代的哲学和科学的新成就,融会贯通,不只给德语国家、而且给全人类做出贡献",因此称他是当时所谓"世界公民"中最突出和杰出的一个。他说,歌德"气势磅礴,包罗万象,好像咀嚼了全世界文化的英华,敢于向与莱布尼茨同时代的科学泰斗牛顿挑战……钦佩富于反抗精神的拜伦……称赞新建立的美利坚合众国,神游于波斯、阿拉伯的原野,对远方的中国也有一定的理解。他永无厌倦地在精神世界里翱翔,创造出许多名篇巨著,这功绩在人类历史上是不能泯灭的"。

总之,在中国杰出的歌德研究家冯至笔下,那位生活在两个世纪之前的"最伟大的德国人"绝不仅仅是一位大作家、大诗人和自然科学家,更是一位眼观宇宙万物,胸怀全世界和全人类,巍然挺立于天地之间的大哲和精神巨人。

歌德究竟为什么伟大?

主要因为他的精神。——杨丙辰先生和冯至先生这两代中国歌德研究家的回答是一致的,也完全正确。

歌德的伟大精神表现在何处?

两位前辈的回答不尽一致,冯至先生持论富有新意和创意。

在前辈们潜心研究、周密论证之后,问题的解答已十分透彻详尽;我作为两位先生的隔代弟子和及门弟子,很难再有多少独到见解,但却愿循着先行者的足迹和思路,作一些阐发,讲几点感想。

在进入正题之前,请允许我也作一点"回顾",讲讲我自己是怎样成了新一代的歌德研究者,怎样走到歌德这位在时空两个方面本来离我都十分遥远的精神巨人身边的。

真正的开始应该讲是二十年前的1978年。那一年,北方的天空升起美丽迷人的希望之星,为了实现青年时代就立下的做一名文学翻译家的志愿,也为了走出仍旧笼罩在自己头上的"黑狗崽子"的阴影,我不要已经获得的讲师头衔,抛下弱妻幼女,带着破釜沉舟的悲壮决心向北方奔去。非常幸运,冯至先生向我伸出了他那温暖的大手……

我忘不了,那一年十月里的一个早晨,在当时破旧、狭窄的社科院内通往外文所办公楼左侧的大路上,我不安地站在一群等待研究生复试的考生中,第一次见到了仰慕已久的冯至先生。他拄着手杖,头戴旧呢干部帽,身着旧呢中山装,面带微笑,迈着沉稳的步子向我们走来,自然随和地和一些原本认识他的考生交谈,谈话中对刚逝去的噩梦不时地发出感叹,对正展现在眼前的新的希望进出阵阵欢笑。稍微有些拘谨的我站在旁边,心里感到几分惊异:大名鼎鼎的诗人和学者冯至先生竟是这么一位蔼然长者!

接下来,在外文所二楼黑乎乎的会议室的里间,我以轻松的心情接受了气氛本来颇为紧张严肃的口试,原因多半是我对冯先生已有一个和蔼可亲的印象。然而,我不能忘记,我随后是如何忐忑不安地等待着录取通知,或者说,更多地是不录取的通知。因为,我当时不但已届四十岁报考研究生的最大年龄,而且是拖家带口的外地考生。须知,对于本身也"寄人篱下"的社科院研究生院来说,外地考生就意味着麻烦和负担。可是尽管如此,我仍幸运地从众多的竞争者中被选中了,录取了。而这幸运,我后来才知道是拜冯至先生之赐:外文所一位老资格的年轻同事向我透露,在取不取我的问题上,当时颇有争议,直到冯至先生愤然表示"他真没地方住就住我的办公室",才解决了"外地考生"的难题。

我忘不了,进研究生院后,如何在冯先生的鼓励感召下,下决心研究歌德;如何在冯先生指导鞭策下,缓慢地、艰难地在这条今日已显得古老荒凉的长路上前行;如何在难耐的寂寞中经受不住来自各方面的诱惑,不时地心烦意乱,左顾右盼,以至于干出一些急功近利的事情,因此不得不接受我的导师无言无声然而我体会出来却是严厉的批评……

我最忘不了的是,在我研究生学习的第二年,突然从远在数千里外的家里传来噩耗,我辛苦一生的母亲因操劳过度患脑溢血病故了。我眼含热泪,到冯先生家里请他准我回家奔丧,冯先生用他温暖的大手握着我的手,神态严肃而充满同情,但却只说了一句在我听来沉重得不能再沉重的话:"希望你还回来!"

我如老师希望地回去了,学完后留在了老师身边继续做研究歌德的工作,并且开始入门并取得一点点成绩。这时我的导师又关心起我的两地分居问题来,并委托严宝瑜先生去北京外语学校为我的爱人联系工作,然而未获成功。两年后,由于我原在单位十二分热情地邀请,也由于继续留在北京工作的条件太苛酷,我决心走了。

随后,带着歉疚,我去见冯先生。哪知我这位一向严肃寡言的导师却对我说:"这些年实在难为了你,叫你忍受了许多 Entbehrungen(德语:意为物质、精神、感情等方面的匮乏、困苦)。"言外之意倒有些对我关心帮助不够的自责。

冯至先生平素从不摆出师道尊严的架子,但也绝少有师生之间个人感情的流露,这次一反常态地说出的带个人感情色彩的话因此震动了我,叫我永生难忘。试问,我在自己导师身边的这五年,不是我过去一生中最奋发有为的五年,最幸福的五年,精神上最富有的五年么?诚然,这五年中我是失去了一些东西;但得到的,因为先生的指导、教诲、扶掖而得到的,不是更多更多么?在握着先生温暖的大手告别之时,我不由得心中暗暗立下誓愿:我敬爱的导师啊,我一定在您引领过我的道路上走下去,走下去!

而事实上,在往后的岁月中,尽管远离了我的导师,尽管环境发生了许多变化,我仍坚持研究歌德,仍继续神游于这位"最伟大的德国诗人"的世界中,并且克服困难,写出了《歌德抒情诗咀华》和《歌德与中国》两册小书,完成了一些可以告慰现已去世的恩师乃至恩师的恩师的工作。

回到正题,再说说我自己如何认识歌德的伟大。我上面讲,我通过冯至先生得到了很多很多,这是我发自肺腑的实话,千真万确。因为,这不仅仅指知识的长进、学业的成就,而且还指,或者说更重要的是指眼界心胸的开阔,精神境界的提高。这开阔和提高,对我来说不只由于时代的前进,环境的改变,不只由于有机会向冯至先生和其他众多的师友们学习,在很大程度上也与二十多年如一日地与歌德神交有关。我甚至觉得,冯至先生之为沉静智慧、胸怀博大的哲人型诗人兼学者,恐怕同样得益于他是一位歌德研究家,大半生接近这位精神巨人,洞悉并仰慕他的伟大。古话说,近朱者赤,近墨者黑。我也通过接近冯先生而接近歌德,而逐渐认识自身的渺小、庸俗、卑微,而逐渐增强向上的决心,获得前进的动力。

那么,我心目中的歌德,他究竟为什么伟大,如何伟大呢?

首先我同样要说,歌德伟大在他的思想,在他的精神。这种思想和精神,就是发端于欧洲文艺复兴的人本主义或人道主义,歌德不但全面地继承了它,而且明显地发展了它,使它超越他的时代、他的民族、他的阶级,成为一种更加积极、更加完美的人生观和世界观,成为对于整个世界和人类都有着深远意义和影响的歌德精神即"浮士德精神"。正因此,歌德不是哲学家,却常常被摆在世界最伟大的哲学家和思想家之列,被誉为"现代的苏格拉底"、"魏玛的孔夫子"等。[①]正因此,歌德尽管主要是一个诗人,却不只是一个

[①] 有位同行批评"魏玛的孔夫子"这个比拟性的提法,以为它仅仅出自某个德国教师的文章里,刊登在德中友协不够"学术"的刊物上,算不得"权威"。这位同行似乎不知拿歌德与孔夫子相提并论者大有人在,如辜鸿铭、郭沫若、张君劢、唐君毅,还有杨丙辰和德国大汉学家卫礼贤等。

诗人;尽管毕生主要从事写作,却不是个一般意义的作家。纵观世界文学史和人类思想史,能如歌德似的以自己的思想精神对世界产生深远影响的大文豪真是凤毛麟角,少之又少;绝大多数哪怕是世界一级的作家,都不过是一个时代的记录者、描摹者和批判者,或者一个阶级的代言人而已。正因此,歌德也就特别难读难解。

歌德的伟大思想和精神,也即一种积极的面向未来的人本主义宇宙观和人生观,都具体而生动地表现在他的创作中,成为贯穿他一生主要代表作的红线,而且随着岁月的流逝、时代的进步和歌德本人阅历的增加,在不断地变化和发展。

早在狂飙突进时期的诗歌《普罗米修斯》和小说《少年维特的烦恼》中,他便热烈地讴歌人和人生,坚决要求让人性、包括人的感情等等得到充分的尊重和发展,勇敢地向神和神的代表——宗教挑战。十年后,在《神性》、《搭索》、《伊芙根妮在陶里斯》和《威廉·迈斯特的学习时代》里,歌德的人本主义思想从前边的热烈讴歌、反抗、挑战,发展为冷静的理性思考、论证和探索,从而告诉读者人和人性何以可贵,以及该如何去发展、完善人性。歌德以毕生精力完成的最后杰作《浮士德》以及《威廉·迈斯特的漫游时代》,则集他的人本主义宇宙观和人生观的大成,其中所塑造的已不仅仅是某个个体人,而是集体的人和人类的代表,已不仅仅是歌德时代现实存在的人,而是未来的理想的人。

还不止此,歌德还对这未来的理想的人的成长条件和生存环境,作了富于远见卓识的预想和生动有趣的描写。要证明此言不虚,我们再诵读一下老博士浮士德的临终独白,再到威廉·迈斯特的"教育省"里去漫游一番就行了。

在这儿,不能不提一提歌德关于全世界的人都是同类,各国人民应该相互理解、相互容忍的思想;提一提他在这种世界意识和人类意识的主导下,首倡了"世界文学"的主张。

由于以上的原因,歌德的伟大世所公认,备受历代不同阶级和思想倾向的代表人物的赞誉。——

与歌德同时代的法国大批评家托马斯·卡莱尔,在他1832年发表的《歌德之死》中写道:"他的逝世犹如日落。太阳所展示的是万物的实体,这位世界诗人则是万物的精神洞察者和展示者。这个人的活动将影响何等深远啊?只要能相信这样一位诗人的存在,对我们这一代人已经是一种奖赏。"①

十六年后,恩格斯在《英国现状》一文中说:"歌德很不喜欢跟'神'打交道……这种人性、使艺术摆脱宗教桎梏的这种解放,正是他的伟大之处。在这方面,无论是古人,还是莎士比亚,都不能和他相比。"②

尼采在1886年发表的《人性,过于人性》一文中称"歌德不仅是一个善良和伟大的人,而且也是一种文化——歌德是德国人历史上一个没有后继者的插曲"。

到了1947年,德国现代存在主义哲学的重要代表卡尔·雅斯佩尔斯则讲:"歌德不是模仿的榜样,像其他伟大人物一样,他是我们的方向,——但是,他远远不只是方向,因为通过他所宣扬的人性,我们变得更纯净,更清澈,爱得更多更深。歌德是人类的一个代表……"③

在我们中国,近半个多世纪来歌德同样受到许多杰出人物的激赏、称赞。归纳起来,所特别强调的都无外乎歌德身上表现得十分突出的人性和人道精神,超越时代和国界的指向未来的人类精神。

为说明歌德的伟大,我们自然还可以举出许许多多的理由,举出他思想精神、立身行事乃至文学创作和科学研究的许许多多方面,但以上所述却是最根本的,最主要的。其他一切都由此衍化出来,都是他这根本精神的具体表现罢了。

谈到歌德的伟大,我们自然也会想到歌德身上渺小和庸俗的

---

① 转引自彼得·伯尔内尔:《歌德》,波恩Inter Nationes出版,1983年,第186页。
② 《马克思恩格斯全集》,第1卷,第652页。
③ 卡尔·雅斯佩尔斯:《歌德和我们的未来》,第194页。

一面,想到恩格斯对他所进行的实事求是和富于辨证精神的评价。他那"连歌德也无力战胜德国的鄙俗气;相反,倒是鄙俗气战胜了他"这个论断,准确深刻地揭示了事物的本质,揭示了"最伟大的德国人"渺小和庸俗的社会根源,揭示了它们的时代性。它又使我想起冯至老师在《"论歌德"的回顾、说明与补充》开篇作为题词所引的歌德的话:

> 最伟大的人物永远通过
> 一个弱点与他的世纪相联系。
>
> ——歌德《格言与感想》

由此,我想似乎可以说,歌德身上庸俗渺小的一面是次要的、时代性的,已随着那个鄙陋的社会成为历史而成为历史,已随着"庸人"和"小市民"歌德——当然,歌德即使作为一个人,也伟大多于庸俗——肉体的逝去而逝去;而他的伟大作品和包含在这些作品中的伟大思想、精神,却因其自身的超时代性而保存了下来,因其超民族性而为世界各国人民所理解和珍视,并且必将作为人类的共同精神财富而长存下去。

我们中国人因此也一代一代地崇仰歌德,研究歌德,并将继续地崇仰和研究下去。我们在虚心地跨入他的精神世界以后都不能不发出感叹:

啊,永远的歌德! 永远的伟大!

1992 年 8 月第一稿
2017 年 10 月改定

图书在版编目(CIP)数据

歌德思想小品/(德)歌德著;杨武能译.—上海:
上海社会科学院出版社,2018
 ISBN 978-7-5520-2350-3

Ⅰ.①歌… Ⅱ.①歌…②杨… Ⅲ.①歌德(Goethe, Johann Wolfgang Von 1749-1832)-思想评论 Ⅳ.
①K835.165.6

中国版本图书馆 CIP 数据核字(2018)第 137637 号

歌德思想小品

[德]约翰・沃尔夫冈・封・歌德 著
杨武能 翻译 选编 解说
责任编辑:王 勤 张广勇
封面设计:陆红强
出版发行:上海社会科学院出版社
　　　　　上海顺昌路 622 号 邮编 200025
　　　　　电话总机 021-63315900 销售热线 021-53063735
　　　　　http://www.sassp.org.cn E-mail:sassp@sass.org.cn
照　　排:南京理工出版信息技术有限公司
印　　刷:上海文艺大一印刷有限公司
开　　本:890×1240 毫米 1/32 开
印　　张:7
插　　页:4
字　　数:180 千字
版　　次:2018 年 9 月第 1 版 2018 年 9 月第 1 次印刷

ISBN 978-7-5520-2350-3/K・453　　　定价:49.80 元

版权所有　翻印必究